中华先烈人物故事汇

寻淮洲

军事科学院解放军党史军史研究中心

学习出版社

中华先烈人物故事汇《寻淮洲》编委会

主　任：陈传刚

副主任：陈秋波　陈永红　周　鑫

编　委：郭　芳　褚　杨　王　冬

王　雷　黄学爵　刘向东

主　编：陈秋波

副主编：王　冬

编　著：曲宝林

目 录

Contents

引　子

寻淮洲，中国共产党优秀党员，中国工农红军优秀指挥员，红军青年将领，以擅长游击战著称。他是红军的传奇式人物，15 岁参加湘赣边界秋收起义，16 岁任连长，18 岁任团长，不满 19 岁任师长，20 岁任军长，21 岁成为红军中最年轻的军团长，22 岁任红军北上抗日先遣队总指挥，成为名震一时的红军将领。他作战勇猛、机智勇敢、英勇顽强，经常身先士卒、带头冲锋陷阵，曾 5 次负伤，南征北战、屡立战功，颇受老一辈无产阶级革命家的赞誉。毛泽东称其为“小英雄”，陈毅赞他“毕生为革命利益、民族利益，英勇奋斗，光荣牺牲”，粟裕说他的不幸牺牲是“我们的一个重大损失”，方志敏称赞他是“红军中一个很好的指挥员”。

寻淮洲，1912年8月29日出生于湖南省浏阳县社港区莲溪乡黄狮塘村一个贫苦农民家庭。幼年体弱多病，5岁才能独立行走，9岁时上乡塾读小学。

1925年，寻淮洲以优异成绩考入莲溪高小。他学习刻苦，各门功课在全班名列第一。读书时，他就立下了“将来与国家做些大事业”的志向。他勤练书法，写得一手漂亮字；他积极锻炼身体，练就一双“飞毛腿”；他随时练习办事，培养了很好的才干。

1927年年初，寻淮洲加入中国共产主义青年团，积极参加反帝反封建的宣传活动，带领同学们一起查禁鸦片、禁止赌博、动员妇女放足等。同年9月，随浏阳工农义勇队参加湘赣边界秋收起义。三湾改编时任副班长，不久升任班长。随起义部队到达井冈山，参加开辟井冈山革命根据地斗争。

1928年2月，寻淮洲加入中国共产党。先后任工农革命军第1团3营9连排长、红4军11师31团8连连长。任排长时，一个人不费一枪一弹从卢姓土豪家里“搞”了10条枪，受到毛泽东等领导同志的表扬，号召全体指战员向他学习。任连长后，率全连参加井冈山革命根据地反“进剿”和反“会剿”作战。

1929年春，寻淮洲随红4军转战赣南、闽西。大柏地战斗中，他左臂被流弹击伤，仍指挥全连奋勇杀敌、追歼敌人。攻占长汀城后，红4军进行整编，红31团编为第3纵队，寻淮洲任第3纵队9支队支队长。随后，率部随红4军大部队一起三占龙岩城，赣南、闽西革命根据地初步建立。12月下旬，寻淮洲作为代表参加了著名的古田会议。

1930年4月，寻淮洲调任红1军团第12军34师营长，从解决吃辣椒的伙食问题入手，增强全营干部、战士的组织纪律观念和团结意识，将大家拧成一股绳。8月下旬，随红12军担任右翼进攻任务，红1军团取得文家市战斗胜利。随后，红1、红3军团组成红一方面军。10月上旬，红一方面军打下吉安后，进行整编，寻淮洲升任红12军34师100团团长。

1930年12月30日，寻淮洲奉命率部坚守万功山主峰，所部活捉敌前线总指挥、第18师师长张辉瓒。1931 年 1 月初，红一方面军乘胜挥师向东，追歼敌第 50 师，取得东韶战斗胜利，敌人的第一次大规模“围剿”被打破。5 月底，第二次反“围剿”胜利后，不满 19 岁的寻淮洲升任红 12 军 35 师师长。8 月至 9 月，奉命与其他部队一起伪装红军主力巧牵牛鼻子，智斗敌第二路进击军总指挥陈诚，有力牵制敌人有生力量，给红军主力歼敌创造良好条件，粉碎了敌人第三次“围剿”。10 月，红 35 师被改编为红 4 军第 13 师，寻淮洲仍任师长。

1932 年 3 月，寻淮洲任红 1 军团第 15 军 45 师师长。4 月中旬，率部随东路军主力先后攻占龙岩、漳州，在大城市漳州实现了几个“第一次”。8 月，红 45 师被编为红 1 军团第 31 师，寻淮洲仍任师长，率部参加乐安、宜黄战役。

1933 年 2 月，在第四次反“围剿”的黄陂战斗中，寻淮洲率红 31 师插入敌后，切断国民党军第 52 师的退路，为全歼该师创造了条件。这次反“围剿”作战结束后，寻淮洲受到中革军委的特别嘉奖令，并升任红 21 军军长。6 月，任红 3 军团第 5 师师长，率部编入东方军，入闽作战，指挥部队连战连捷。10月，任红7军团军团长，率部第二次入闽作战。

1934年1月，寻淮洲被选为中华苏维埃共和国中央执行委员。7月，红7军团改编为北上抗日先遣队，寻淮洲任总指挥，率部从瑞金出发，深入敌人腹心，连续作战4个月，先后攻占罗源、庆元等城镇，宣传党的抗日救亡主张，扩大了党和红军的影响。

1934年11月，寻淮洲率部进入闽浙赣苏区，与方志敏领导的红10军合编为红10军团，任红19师师长。不久，继续率部北上。12月中旬，在安徽皖南太平县谭家桥战斗中身受重伤后牺牲，年仅22岁。

寻淮洲英勇善战，威震敌阵，战功卓著，是红军将领中赫赫有名的战将。他把一生献给了中华民族解放事业，我们将永远铭记他为争取民族独立洒下的满腔热血，为建立独立民主和平的新中国作出的突出贡献。

01 少年立大志

迟开口的“神童”

湖南省浏阳县社港区莲溪乡黄狮塘村，坐落在群山峻岭之中，村后有座双狮山，连绵起伏，犹如一对俯伏的雄狮。山上草木葱茏，万木竞秀，景色迷人，是个人杰地灵的好地方。1912 年 8 月 29 日，赫赫有名的红军战将寻淮洲就出生在这里。

父亲寻余盛，勤劳忠厚，思想进步，一生面朝黄土背朝天，少时上过私塾，总算认得一些字。母亲胡聘秀，慈祥和善，终岁勤俭，她与寻余盛里外配合，日子仍难打发，生下一儿一女之后，生活更加捉襟见肘了。身怀寻淮洲时，家境日趋贫困，经常吃不饱饭，有时是一天两顿加糠放野菜的稀粥，胡聘秀瘦得皮包骨头。待到寻淮洲不足月出生时，已是先天发育不良。寻淮洲出生后，母亲又没有多少奶水来喂他，襁褓中的他饿得整天哇哇直哭，尤其到了晚上更是哭闹不止。看着可怜的孩子，奶奶只好弄来一把大米，放在瓦罐里熬点米汤来喂养。

寻淮洲的体质差极了，经常生病，天气一冷，就容易感冒，咳嗽发烧；天气一热，痱子不算，疥疮、中暑接连不断。家中无钱医治，只能用些土法子对付。熬到 4 岁时，同龄的孩子一个个早已会走会跑，会说会闹，可他却连站还站不直。

母亲忧虑地说道:“这孩子 4 岁多了，还是说话不利落，站也站不起来，这可怎么办才好！我们得想个法子，要不就害了他一生。”

父亲寻余盛多次请算命测八字的老先生为寻淮洲测过八字算过命，都说这孩子“八字好、命好”，将来是命大福大。寻余盛每次回来就把老先生的话说给妻子听，多少能给她一些慰藉。

奶奶十分疼爱这个孙子，仍是悉心喂养，百

般照顾。

日子一天天过去了，骨瘦如柴的寻淮洲也顽强地成长着。长到5岁时，虽然还是体弱多病，但慢慢地能站立了。有一天，居然能够自己独立行走了。

母亲高兴地喊道:“孩子他爹，淮洲能走路了，他自己会走了!”

这是父母期盼多久的事啊!奶奶始终坚信:“我就知道我孙子不会比别人差的。俗话说‘金口难开，驷马难追’。以前不会走是生下来就太弱了，我看我孙子长大后是能做大事的人。”

寻淮洲自能站立起来独立行走后，再也没摔过跤，他能吃会玩，爱说爱动，就像变了个人似的。接触的事物日渐多了起来，眼界日益开阔，他觉得什么都新鲜有趣，总是以孩童的稚气向父母和其他长辈们问这问那。

父母亲见他这样勤学好问，愈发心疼，但又没别的办法，只好稍有空隙，便给淮洲讲些故事，如《三国演义》《水浒传》和《西游记》里的故事;讲林则徐禁烟、谭嗣同改良、孙中山闹革命的故事等。这些故事，淮洲不仅喜欢听，而且听后每每都能记得和复述出故事梗概，这令父亲十分高兴。

有一天，淮洲的母亲说："他爹，淮洲的记性可蛮好呢，要是能让他读书，将来说不定还真有出息呢！""是啊！淮洲已到读书的年龄了，与他同年的孩子有的早已进学堂了。可眼下家里穷得叮当响，去哪儿找钱读书呢？"过了一会儿，淮洲的父亲又自言自语地说道："是要想办法，不能耽误了孩子，不能让他像我这一辈子受苦受穷，就是砸锅卖铁、借高利贷也要让孩子上学。"

母亲又说道："以前你不是听先生说淮洲的八字好、命好吗？左邻右舍也都说淮洲聪明好学，记忆力强，有的还夸他是个'神童'呢，我们不能误了孩子啊！"寻氏在黄狮塘村是个大家族，族里拥有十几亩田地，所得收入由豪绅地主把持，通常用于清明节家族祭祖扫墓，再就是借贷给族里认为有出息的人读书，以光宗耀祖。父亲寻余盛没别的法子，只得去找族里帮助。

族里见寻余盛穷困至极本不想借贷，但见寻淮洲确实聪明，而且"八字好、命好"，要是将来他真有出人头地的一天，也是族里的荣耀。况且借族里的钱寻余盛不敢不还。于是，在寻余盛的苦苦哀求和一再保证下，族里同意借钱给寻淮洲上学。

1921 年，9 岁的寻淮洲背着母亲用破布缝制的书包进入离家不远的左家湾小学就读。他心里别提有多高兴了，决心发奋学习。

此时，私塾已废，新学正兴，学习课程有国文、算术、理科、体育等，寻淮洲如饥似渴地学习，对各门功课都有浓厚的兴趣。

由于寻淮洲品学兼优，老师对他很器重。他不仅在左家湾小学带操，还担任了管理黄狮塘方向一路学生的“路部长”，管理学生在放学回家的途中遵守纪律、保证安全。

树立远大志向

1925 年，寻淮洲以优异的成绩考上了离家较远的莲溪高小。由于寻淮洲成绩优秀，加上寻余盛一再苦苦求情，族里同意继续借钱供寻淮洲上学。

高小课程增加了历史、地理、修身和英语。随着学习内容增多，寻淮洲的学习兴趣越来越浓，学习的劲头也更足。他心里明白，自己的学习机会来之不易，父母亲和兄嫂在家半夜睡五更起，没日没夜地干活，艰难地维持全家生活，况且上学的钱还是从族里借来的，如果自己学习成绩差，不仅将失掉学习的机会，也辜负了父母兄嫂对自己的一片苦心。因此，他时刻激励自己发奋学习。课堂上，他全神贯注，专心致志地听老师讲解，一边听，一边记笔记和细心领会，从不分散精力；课后，他不懂就问，请教老师和同学，不管什么问题，他不弄懂决不撒手。正是凭着这股劲头，他的学习成绩在全班名列第一，尤其是作文，更是经常受到老师的赞赏和表扬，经常被贴在学校的传观处供大家学习。而且，他还练就了一手漂亮的颜体字，深受老师的认可和同学们的钦佩。进入莲溪高小后，寻淮洲被推举为班长。

上高小前，父母为了照顾寻淮洲的生活托人为他定了一门亲事。女方叫吴甘梅，比寻淮洲小 1 岁，是附近村里一户贫寒农家的女孩。吴甘梅长得眉清目秀，勤劳能干，深得寻淮洲的喜欢。父母亲为寻淮洲和吴甘梅各缝制了一套粗棉布衣服，请了十几个亲戚朋友吃了顿“喜酒”，就算是把他们俩的婚事给办了。

对于父母亲的慈爱和新婚妻子的关爱，寻淮洲由衷地感激。他在校学习刻苦努力，除完成功课外，广泛阅读各种书籍，尤其对中国历史特别感兴趣，崇拜书中的英雄人物，立志做一个对社会有用的人。寻淮洲经常向同学们讲起历史上仁人志士的悲壮故事，如屈原忧国忧民，自沉汨罗江，以身殉楚国；范仲淹心忧天下，先天下之忧而忧，后天下之乐而乐；林则徐虎门销烟，苟利国家生死以，岂因祸福避趋之；孙中山百折不挠，毕生奔波革命；等等。

他常听到有人说他的“八字好、命好”，但寻淮洲从不相信。有一次，老师布置了一道关于“命运”的作文题，他这样写道：自己不过是千千万万中国老百姓中的一员，而中国所有的老百姓都是受宰割的，老百姓的“八字”和“命运”，全攥在万恶的列强、军阀手中。他发自内心地感叹：

“我国的人民，真是可怜极了。”他日益认识到“天下兴亡，匹夫有责”的道理，萌发了参加革命的可贵念头。在一篇题为《个人革命的可贵》的作文中，寻淮洲写道：“革命的意义，是革除腐劣而建新优，如社会黑暗，便起社会革命；如政治腐败，便生政治革命。”他初步认识到，民国的国民，不需要忠于君主，但要抱定一个“忠”字去忠于国家。

对于近代以来我国领土主权遭到列强侵略、瓜分的现实，他懵懂地认识到了学生的力量和自身的责任。在题为《对于浏北学联会应否加入的我见》的作文中，他写道：“我国自海禁大开以来，每每受列强的胁迫，帝国主义的侵凌，强权的恐吓，几乎将要亡国了，而我中国的人民，竟没有法子去抗御他，任其蹂躏，任其侮辱，这是什么缘故呢？因为我国的国民，知识浅陋，如醉如梦，哪里有能力来抵制他呢？我们中国生存的地位，还有什么不危险呢？在这个危急的时候，我们知识较高的学生，对于那黑暗的社会，醉梦的人民，怎样可不负一番改造唤醒的责任呢？”

他在学校接触到《向导》《中国青年》等进步

书刊，逐步接受革命思想。在题为《现在的我》的作文中，他激昂而明确地倾吐着崇高的志向：“我们生在世界上，假使和那寄生虫一样，春来也好，秋去也好，一味甘食美衣，玩日愒月，徒然食息于天地之间；由幼而壮，由壮而老，由老而死，空空过此一生，岂不是太无意义吗？但是我们既想做些事业，在生时，当着这做学生的时候，对于以前怎样是小孩子，将来怎样为大国民，这些事业，也不可不酌量一下。我现在的年纪，虽不是当大国民的时候，也不是当小孩子的时候了。所以我在这个学期内，对于学业上，应该猛力前进，求一些丰富的知识；对于身体上，应该竭力锻炼，求一个强健的身体；对于办事方面，更应该随时练习，养成很好的才干，预备将来与国家做些大事业……所以我在这个学期的初始，就确定我的愿头，照我的志愿努力前进，那末，过去的我虽然顽劣，将来的我，一定是不可限制的。”

寻淮洲是这样想的、说的、写的，更是这样做的。一年四季，无论风雨，他从不间断锻炼身体。在家时，他每天天蒙蒙亮就起床，晴天在屋后草坪里翻筋斗、跑步和做操；下雨天就在堂屋里或走廊上跑步、弹跳和爬柱子。在学校时，他每天清晨起床，爬杆、举哑铃、跑步和爬山，晚饭后和同学们一起散步、荡秋千。盛夏，他中午和晚饭后与同学们一起在学校前面的捞刀河里畅游。他跑步不仅耐力强、速度快，而且每次双脚上都绑上两块大砖头。时间一长，竟练就了一双“飞毛腿”。学校里的哑铃，同学们举几下就举不动了，可他一举就是几十下。爬树，他甚是敏捷，不管多高多粗的树，他都有办法上得去。爬山，就更不用说了。于是，同学们钦佩地称他为“飞毛腿”“神猴”。

在莲溪高小，老师对寻淮洲非常器重，极力培养他、锻炼他，让他担任班长。学校规定每星期一的第一节课是读孙中山的遗嘱，称为周会。每逢周会，老师都要寻淮洲上讲台宣读孙中山的遗嘱，他打心里愿意，久而久之，老师不说，寻淮洲也主动上台去宣读，对于他的主动行为，老师和同学们都很高兴。每个星期六学校都要举行讲演会，他把讲演会当作难得的锻炼机会，每次都认真准备提纲，第一个走上讲台，时而慷慨激昂声如洪钟，

时而声音低沉如涓涓细流，讲得有条不紊、绘声绘色。

投身革命活动

1926 年，以国共合作为基础的大革命风暴轰轰烈烈地席卷中国大地。7 月，国民革命军在广州誓师北伐。8 月初，国民革命军一部进入浏阳。9 月中旬，浏阳成立了以潘心元为书记的中共浏阳县委。接着，在县委的组织领导下，建立起浏阳工农义勇军和工人联合会、农民协会、妇女救国会、学生联合会、反日雪耻会、儿童团等各类革命组织。各乡的农会、工会、学联、妇联组织，如雷雨过后，春笋怒生。

此时，寻淮洲正在莲溪高小读书，他认为这是为国家干大事业的极好机会，于是一边坚持刻苦学习，一边参加反日雪耻会、学生联合会和农民协会，并利用当班长的有利条件，带领同学们积极开展查禁鸦片、禁止赌博、动员妇女剪发放足、破除迷信等反帝反封建的革命活动。

当时，浏阳县城和主要的交通要道烟馆林立。社港区虽地处浏阳偏僻山区，仍然受到鸦片的荼毒。他在班里和学校的演讲会上慷慨陈词："我们作为学生，对于鸦片流毒岂能熟视无睹，岂能对酣睡的国民不负一番改造唤醒的责任？"在课外，他带领同学们走街串巷，大力宣传戒烟的好处和吸食鸦片的严重危害，并和同学们一起编了不少通俗易懂的戒烟歌，边张贴边唱。有的还流传至今：

鸦片烟毒最难当，家也受伤，国也受伤。
起初只说气味香，你也要尝，我也要尝。
一斗一斗吸下肠，腰也舒畅，腿也舒畅。
可惜是寅借卯粮，寿也不长，命也不长。
烟瘾缠身无主张，日也想方，夜也想方。
害了许多少年郎，廉也沦丧，耻也沦丧。
打开盐罐和米缸，盐也无装，米也无装。
劝君早戒早健壮，家也安康，国也安康。

同时，他们还挨家挨户收缴鸦片和吸食鸦片用的烟枪、烟灯，将收缴到的鸦片和烟具等当众销毁。

赌博也是当时社会的一大祸害。人们一旦开赌，便越赌越有瘾。十赌九输，赌输了越赌越红眼，有的孤注一掷，将自己的性命也押上。再输，便偷盗、抢劫甚至杀人。寻淮洲耳闻目睹，气愤至极。他和同学们一合计，决定广泛宣传赌博的危害，并用典型事例说服教育初赌者。他们利用年纪较小的优势，了解赌徒的行踪，探明赌窟所在，然后报告农民协会，由农民协会派人包围赌窟，抓获赌徒，没收赌具和赌资。

1927 年年初，中共浏阳县委在莲溪乡建立起共产党和共青团的基层组织。由于寻淮洲的突出表现，组织上决定吸收他加入共产主义青年团。这时，寻淮洲已临近高小毕业，他一边学习，一边受组织的派遣，担任下湖初小的教员，发动农民进行清算贪污、减租减息、捉斗土豪劣绅的斗争。

为了进一步宣讲农民的苦难，揭露豪绅地主的罪恶，发动农民加入农民协会与土豪劣绅作斗争，寻淮洲组织同学们自编自演文明戏，如对口快板《农民歌》，朴实无华，生动形象，至今仍然使人难以忘怀：

农民苦楚实在多，谈起苦来泪滂沱。
一年四季事务多，就如织布不停梭。
冬春两季算得闲，也要弄钱补油盐。
三月清明下种子，缫丝割麦忙个死。
夏日炎炎除什草，一身汗流像洗澡。
倘遇旱灾与水灾，庄稼败收实可哀。
若是自己田和地，即云薄收不受气。
种人庄业真可怜，东家看禾气冲气。
……

寻淮洲演讲能力强，在大小集会上发言，可不用讲稿，一连讲几个小时，并且讲得有条不紊、有声有色、通俗易懂。莲溪乡农民协会在农工祠召开成立大会，乡农会负责人要他讲话，他个子矮小，就从别人家里借来一个书桌，双手叉腰站在书桌上，足足讲了两个小时。他从封建王朝的腐败讲到军阀统治的黑暗和列强的侵凌，从农民的苦难讲到农民团结起来的重要性，从成立农民协会的意义讲到农会会员的职责。他摆事实讲道理，讲得有理有据、入脑入心，到会群众听得激动不已。

在党团组织的正确领导和寻淮洲的得力宣传发动下，莲溪乡及周边地区的农民纷纷加入农民协会，农民运动如火如荼，清算贪污、减租减息、捉斗土豪劣绅开展得热火朝天。

寻选模是莲溪乡的头号土豪劣绅，当过多年莲溪乡的大团总，时任大团总是他儿子寻藕根。他们父子俩依仗当团总的权势和有人有枪，横行乡里，无恶不作，罪行罄竹难书。为了长穷苦群众的志气，灭豪绅地主的威风，农会研究决定：捉拿并严惩寻选模父子。可是，寻选模父子放出话来，谁敢动他家一根毫毛，就要谁家加倍偿还。

寻淮洲出身贫苦，自懂事起，就恨透了地主豪绅。他获悉农会要捉拿并严惩寻选模父子，坚决要求前往协助捉拿。一天午夜，他和农会会员、乡梭镖队悄悄地将寻选模家团团围住，寻选模父子正在家酣睡，还未明白是怎么回事，已双双束手就擒。

寻选模的狗腿子获悉立即四处活动，威逼恐吓租种其田地的老实农民聚集于寻氏祠堂，煽动他们去农会抢回寻选模父子。

这消息很快就被寻淮洲知道了。他年纪虽小，但十分机灵，他认为农民被利用真的去抢，弄不好就会发生不必要的流血冲突。寻淮洲思索片刻，便想起自己的堂弟、共青团员寻先治，由他去说服佃户肯定效果好，于是将已写好的寻选模父子的罪状拿出来给他。但寻先治胆小怕事，一听寻淮洲要他去办这件事，便吓出一身冷汗。寻淮洲如此这般地简单吩咐一番，然后将寻先治一把推进了祠堂。

进了祠堂，寻先治觉得已被逼上梁山，反而豁出去了，于是鼓足勇气，站在祠堂的香案上，按照寻淮洲的吩咐，大声扼要地说明了不能去农民协会抢回寻选模父子的理由，并按纸条所列历数寻选模父子的罪状。果然，佃户们一个个默默地走了。

当天，乡、区两级农会在捞刀河边的芦花滩上召开公审大会，就地审判和处决了寻藕根，并将寻选模押送县农会，由县农会予以严厉惩处。

可是，寻选模被押送县农会后，他在浏阳县城开布庄的大儿子寻民福当即变卖了布庄，将所得现洋交给了县农会，县农会负责人因此认为寻选模认罪态度较好，加之当时中共中央的右倾错误领导，于是县农会将寻选模关押一段时间后，便将他放了。这一放，犹如放虎归山，穷苦百姓个个心惊肉跳，预感大祸临头。寻淮洲也深感不安，为防不测，他带领伙伴们以各种方式日夜监视寻选模的行动，并将情况及时向农会和党团组织报告。

1927 年 4 月，蒋介石在上海发动四一二反革命政变。5 月 21 日，许克祥在长沙发动马日事变，捕杀共产党员和革命群众 100 多人。事变发生后，中共湖南临时省委一度决定长沙附近 10 余县的万余农军向长沙进军。但在中共中央和平解决的方针下，又中途改变计划，下令撤退。浏阳等地的 5000 农军因未及时接获命令，单独进攻长沙，被许克祥打败。各县农军先后被逐个击破。短短 20 多天里，许克祥等反革命分子在长沙附近各县屠杀了 1 万多人。反动军队和各县的地主武装趁机反扑，大肆屠杀。

7月初，浏阳工农义勇军被迫撤至平江一带，浏阳全县陷入白色恐怖之中。社港区的反动势力死灰复燃，大土豪寻选模又恢复了反动团防局，四处捕杀共产党人和革命群众。参加逮捕和斗争寻选模父子的寻淮洲，便成了他们的眼中钉、肉中刺。寻选模在团防局恶狠狠地说："我不杀了寻淮洲死不瞑目，我要亲手杀了他才甘心。"

面对顽敌，组织上决定让寻淮洲等人立即转移。正当他在社港区与一个同学交接工作时，团防局的人赶到了。幸亏在外面放哨的同学及时通知，两人才得以从后窗跳出脱离险境。寻淮洲一口气跑回家中，没见到父亲，只与母亲和妻子作了简单的告别。母亲拉住寻淮洲的手，两眼含着热泪，哽咽地说："儿啊！你就在附近隐蔽下来，躲躲风浪，娘舍不得你离开呀！"寻淮洲安慰母亲道："我要去平江参加武装部队，有了枪杆子才有力量打倒地主豪绅，才有打回来的希望，请母亲等待着这一天吧。"这时，妻子吴甘梅从房里出来，将自己缝制的手巾、袜子塞到寻淮洲的手里，呜呜地哭了起来。寻淮洲安慰了妻子几句，要她照顾好自己和母亲，便匆匆离开了。谁知这一走，竟成了与家人的永别。

此时天已黑，寻淮洲突然想起开杂货铺的满叔，他家离这儿不远，应该去和他道个别。寻淮洲径直走到满叔家，把自己的想法作了简单的说明，立即得到满叔的支持，说："你应该远走高飞，躲总不是办法。"分别时，满叔给了他一串铜钱作应急之用。

当寻淮洲走到离家3里多远的大洛坪时，正好碰上了"清乡队"的搜查，跑和躲已来不及了，只得被"清乡队"押到大洛坪集镇，关在一间民房里。看守他的是一个被抓来当兵的穷苦农民，曾经听过寻淮洲的演讲。寻淮洲从门缝里同他拉家常。当谈到地主豪绅的凶狠，穷人没有活路的时候，两人唏嘘起来。稍停，看守贴着门缝悄悄地说："明天他们要把你押到社港团防局去，我看你还是今晚跑吧，免得吃亏。"寻淮洲非常感动，又考虑到不能连累这人，便想出了一个两全其美的办法。他攀上屋梁，推开几行瓦，折断椽木，然后跳下来对看守说：“这样，他们就以为我是在深夜从屋顶逃出去的。”并好说歹说将满叔给他的一串铜钱留下。

脱险后，寻淮洲连夜往北向平江跑去。他不敢走大路，沿着山间小道，将他那“神猴”“飞毛腿”的功夫全用上，一晚上跑了 100 多里。抵达平江长寿街时，浏阳工农义勇军正好在此休整待命。寻淮洲找到部队，向队长苏先骏（后叛变）和党代表潘心元要求参加队伍。可是他们说寻淮洲刚满 15 岁，个子矮小还不够一条枪高，劝他在平江参加地方工作。寻淮洲不依，坚决而诚恳地说：“我恨透了反动派，早已立志干武装，请允许我效命疆场吧！”苏先骏和潘心元被他的诚心感动，便答应收下他。

02 井冈烽火急

参加秋收起义

几天后，浏阳工农义勇军接到通知，与平江工农义勇军合编为贺龙指挥的国民革命军第 20 军独立团，开赴江西参加南昌起义。由于党员少，出发前刚满 15 岁的寻淮洲被任命为连党代表。1927 年 8 月 5 日，当部队到达距离南昌 15 公里的涂家埠近郊时，获悉南昌起义部队已撤离南昌南下。于是浏阳工农义勇军向西转移，折回湘赣边活动。这时，卢德铭率领的武汉国民政府警卫团也因没赶上参加南昌起义，来到湘赣边。两支队伍以江西省边防军暂编第 1 师的名义驻扎下来。武汉国民政府警卫团称为第 1 团，驻修水；浏阳工农义勇军称为第3团，驻铜鼓。寻淮洲是第3团1营的战士，因为他年纪小，又有文化，能说会道，战士们都很喜欢他，称他为“小参谋”。

8月7日，中共中央在湖北汉口召开紧急会议（八七会议）。会议着重批判了党内以陈独秀为代表的右倾机会主义错误，确定了实行土地革命和武装斗争的总方针，号召全党以武装斗争反抗国民党反动派的屠杀政策。8月上旬，中共中央派政治局候补委员毛泽东、彭公达到湖南改组中共湖南省委，领导湖南秋收起义。中下旬，改组后的湖南省委决定成立以毛泽东为书记的前敌委员会和以易礼容为书记的行动委员会，负责组织发动秋收起义。

9月上旬，毛泽东到达湘赣边界的安源、铜鼓地区，主持召开秋收起义军事准备会议。会议传达了八七会议精神和中央对湖南秋收起义的指示及省委的起义计划，决定将湘赣边界武装力量统一编成工农革命军第1军第1师，师长余洒度。下辖3个团：第1团，位于修水，由警卫团大部、平江工农义勇队和鄂南农军编成；第2团，位于安源，由安源工人纠察队、矿警队和赣西部分农军及醴陵部分农民军编成；第3团，位于铜鼓，由警卫团1个营和浏阳工农义勇队编成。全军共约5000人。警卫团团长卢德铭被任命为起义总指挥。

“秋收时节暮云愁，霹雳一声暴动。”9月9日，长沙市郊部分农军和铁路工人开始破坏长沙至岳阳、株洲的铁路，以切断国民党军的交通。

9月11日，在以毛泽东为书记的前敌委员会领导下，震动全国的湘赣边界秋收起义爆发。寻淮洲所在的第3团，在铜鼓参加了起义，在首战白沙镇的战斗中，指战员个个斗志旺盛，犹如猛虎下山，向敌人猛扑上去。寻淮洲是“飞毛腿”，他双手紧握梭镖，看准一个拿钢枪的敌兵，呐喊着猛冲上去，不一会儿工夫，就冲到那敌兵的身后。说时迟，那时快，他使出平生力气，对准那敌兵的后背狠命一刺，那敌兵还未来得及叫一声就倒地气绝了。寻淮洲兴奋至极，捡起那敌兵的钢枪，左瞧瞧，右看看，摸了又摸，竟然连追杀敌人也忘了。

可是，按照工农革命军的军纪，缴获的钢枪

必须上交。为此，寻淮洲大哭一场。哭完之后，他恋恋不舍地按规定将心爱的钢枪上交了连队。但让寻淮洲意想不到的是，1 营营长张子清知道后，不仅表扬了他的战绩和英勇杀敌的精神，还将通信员擦得闪闪发亮的小马枪亲手发给了他，并语重心长地对他说："要时刻牢记自己是一名革命战士，作为革命战士，必须严格遵守纪律，胜不骄，败不馁。以后，可不能再哭鼻子，更不能忘了保护自己，消灭敌人啊！"

寻淮洲抚摸着小马枪，思索着营长的话语，由衷地感激营长的爱护和教导。第 3 团首战告捷，全团上下一片欢腾，毛泽东兴奋地说：真是旗开得胜，马到成功。次日，第 3 团在毛泽东的率领下，直赴浏阳东门市。先头部队一鼓作气冲了上去，将敌人打得狼狈逃窜，第 3 团顺利占领东门市。

可是，敌人不甘心失败，敌军两个团在东门市反动武装的带领下，向东门市发动疯狂反扑，兵分两路包围第 3 团。在这危急时刻，毛泽东下令第 2 营迅速进入阵地，阻击敌人，并令第 1 营、第 3 营迂回于敌人两侧拼力攻击。可是，敌众我寡，加之武器装备落后，与敌激战6个多小时仍未奏效，部队损失很大。

在这次战斗中，寻淮洲被敌人的子弹打中左臂，鲜血直流。他全然不顾，仍然冲锋在前，以小马枪向敌人射击，击倒好几名敌军。最后，由于敌我力量悬殊，毛泽东下令部队撤离东门市，寻淮洲随部队经白沙镇转移到上坪。

第1团进入湖南平江境内时，突然遭到起义前收编的土匪邱国轩部的袭击，损失200多人、枪和全部辎重，团长钟文璋失踪；第2团占领浏阳县城后，在敌军反攻下溃散，团长王新亚不知去向。

面对三路主力遭受重大挫折的严峻局势，毛泽东当机立断，决定改变三路会攻长沙的计划，他以前委书记的名义，通令各部队迅速集结浏阳县文家市。

9月19日，工农革命军第3团全部、第1团两个营和第2团部分零散人员集中到文家市。当晚，前委在文家市召开会议，讨论部队行动问题。毛泽东提出放弃进攻长沙，以保存革命力量，现有部队应立即撤离敌人力量较强的湘东北，沿罗霄山脉南下，转入群众基础较好的湘南地区寻求发展。这一意见遭到师长余洒度的反对，但得到总指挥卢德铭等多数前委委员的支持。前委决定，部队立即离开文家市，向湘南进军。

随即，工农革命军开始南下。9 月 25 日，在江西萍乡芦溪遭到国民党军袭击，总指挥卢德铭牺牲。29 日，部队到达永新三湾村。

由于连续行军作战，部队已锐减到 700 多人，出现了官多兵少、枪多人少的局面。加之部队战斗失利，斗争环境艰苦，一些人开小差溜了。寻淮洲始终坚定革命的信念，一路上帮伤病员背枪，并捡起开小差的人扔下的枪支，开始背两三支，后来干脆在路边找条木棍当扁担，挑起七八条枪。他知道枪是革命的命根子。

为了巩固这支新生的革命军队，适应革命斗争的需要，毛泽东在到达三湾村的当晚，就主持召开了前敌委员会会议，决定对起义部队进行整顿和改编。主要内容是：第一，资遣一部分不愿留队的人员，部队缩编为 1 个团，称工农革命军第 1 军第 1 师第 1 团，辖 2 个营 6 个连，另有特务连、辎重队、卫生队和编余军官队；第二，在部队中建立党的组织，做到连有支部，营团有党委，连以上设党代表；第三，在连以上建立各级士兵委员会，实行民主制度，在政治上官兵平等，经济公平，破除旧军雇佣关系。三湾改编从组织上确立了党对军队的领导，是把工农革命军建设成为无产阶级领导的新型人民军队的重要开端。

9 月 30 日，在三湾村的枫树坪，寻淮洲再次聆听了毛泽东的讲话。毛泽东说："贺龙两把菜刀起家，现在带了一军人。我们有两个营，还怕干不起来吗？你们都是起义出来的，一个可以当敌人十个，十个可以当他一百。没有挫折和失败，就不会有成功。"

孤身勇夺十枪

1927 年 10 月初，工农革命军到达宁冈县古城。前委在此召开扩大会议，总结湘赣边界秋收起义的经验教训，研究讨论建立根据地和争取当地农民武装的问题。

在毛泽东的率领下，秋收起义部队于10月7日顺利进抵井冈山的茅坪。在袁文才部帮助下，设立留守处和后方医院。几天后，为了扩大政治影响，调查井冈山周围情况，毛泽东决定将部队兵分两路沿湘赣边界开展游击活动。毛泽东亲自率领团部、第3营、第1营1连和特务连先到湖南省酃县进行革命活动，打击反动势力，发动群众，联络农军，解决经济给养问题。一路上，寻淮洲带领班里的战友贴布告、刷标语，他那一手刚劲潇洒的颜体字派上了大用场。

行军途中，毛泽东最喜欢和战士们交谈，一边走一边了解战士的思想状况。寻淮洲多次与毛泽东交流，每次都受到极大的鼓舞和鞭策。

10月23日清晨，部队在大汾镇突遭遂川地主武装“靖卫团”三四百人的袭击。和衣躺下且枪不离身的寻淮洲惊醒后，第一反应是赶快抢占制高点，他吩咐班里一名战士去报告排长，随即带领班里其他战友迅速冲向村后的山头。他凭着自己的“飞毛腿”，敏捷地拨开丛丛荆棘，给全班开路。当他们冲上山顶往下一看时，发现不知从哪里冒出的十几个敌人已爬到半山腰，寻淮洲嘱咐班里战士迅速选好射击位置，居高临下瞄准敌人射击，敌人顿时死的死伤的伤，剩下的敌人一看情势不妙，连滚带爬地退了下去。不一会儿，排长带着排里的战友们赶到了。

天亮了，第 3 营占领了几个山头，可往下一看，到处是敌人，而且与团部和特务连失去了联系，如果继续与敌对战，显然于己不利。面对这种严峻的局面，张子清和伍中豪果断决定撤出战斗，率领第 3 营冲出敌人的包围圈，按原计划继续南下桂东一带。

在桂东县城，第 3 营休整了 1 个多月，协助地方党组织扩建和整顿了游击队，又与转移到崇义一带由朱德和陈毅等率领的南昌起义军余部取得了联系，得到了一些物资援助和弹药补充，并一度攻入汝城。

在桂东休整期间，第 3 营不断派人打听团部和第 1 连、特务连的下落。先是听说团部和第 1 连、特务连在毛泽东的率领下安全返回了井冈山，并攻克了茶陵县城，成立了茶陵县工农兵政府；继而获悉湘敌方鼎英、吴尚等分别由安仁、攸县、高陇等地进逼茶陵，并准备进犯井冈山。情况紧急，张子清、伍中豪当机立断，率领第 3 营日夜兼程赶往茶陵。

第 3 营抵达茶陵，正遇湖南军阀何键派出的吴尚第 8 军 1 个加强团纠集邻近几个县的挨户团共 2000 余人疯狂攻打茶陵，团部和第 1 营、特务连弹药即将告罄的危急时刻。第 3 营一到茶陵即投入战斗，从敌人后方对敌发起猛烈攻击。寻淮洲此时已任代理排长，他带领全排与兄弟部队一道勇猛冲杀。这突如其来的攻击，使敌措手不及，陷入一片混乱，当即败下阵来。可是，敌人并不甘心就此失败，其增援队伍蜂拥而至，大有在茶陵与工农革命军一决雌雄之势。团政治部主任兼 1 营党代表宛希先和张子清都主张撤出战斗，折回井冈山。团长陈浩等不顾宛希先、张子清反对，令部队向湘南撤退，企图投靠国民党军。毛泽东闻讯从茶陵城郊出发，于12月27日赶到茶陵湖口追上部队，命令其停止向湘南转移。当晚，召开营以上干部紧急会议，揭发陈浩等人投敌叛变行为。毛泽东当即决定将部队带回宁冈砻市。

在砻市，毛泽东主持召开会议，揭露和批判陈浩等人投敌叛变行为，撤销了他们的一切职务。任命张子清为团长，何挺颖为党代表，朱云卿为参谋长。第3营9连连长陈正春不变，特务连党代表罗荣桓调任第3营9连党代表，寻淮洲被任命为第3营9连1排排长。会后，召开工农革命军全体指战员大会，毛泽东总结了攻打茶陵的经验教训，规定和宣布工农革命军3项任务：第一，打仗消灭敌人；第二，打土豪筹款子；第三，做群众工作。对于这3项任务，寻淮洲牢牢记在心上，会后，立即向全排作了传达，要求必须认真执行。

1928年1月4日，工农革命军第1团1营和第3营9连，在遂川县大坑镇击溃地主武装肖家璧靖卫团三四百人。第二天，毛泽东率领第1营和第3营9连乘胜占领遂川，然后以连为单位分散到县城及周围各圩镇打土豪和发动群众。

寻淮洲所在的第3营9连，被分配到距县城西南约40里，拥有600多户人家、200多家店铺的草林圩筹集粮款。腊月二十三是我国传统的小年，一大早，寻淮洲就按照毛泽东和连里指示，带领全排粉刷标语、打扫街道，使草林圩呈现出一派勃勃生机。在工农革命军的动员和影响下，仅从几个豪绅开设的大商号中，就筹集到布匹700余担，银圆两万多块。

转眼到了新春佳节，根据毛泽东的指示，部队集中于遂川城过团圆年，每个指战员发2套新单军衣和5块大洋。寻淮洲入伍将近半年，终于脱下了那身已经破烂不堪的学生装，和大家一样换上了灰色新军衣。

1月24日，正月初二，遂川县工农兵政府成立大会召开。过年加庆祝工农兵政府成立，大家喜气洋洋。春节过后，部队就地休整。

一天上午，团长张子清、党代表何挺颖把寻淮洲叫去，当面交代他一项新任务：距遂川城约15公里的地方，有一个姓卢的土豪，他家有长短枪10条，且随从众多，附近又驻有国民党的正规军。经毛泽东同意，团里决定由寻淮洲带 20 人去将那土豪的枪搞回来，并强调要将枪全部搞回，不得少一条。

寻淮洲听罢，思索片刻，便胸有成竹地说："请首长放心，我保证完成任务。不过，去这么多人不合适。"

"那你说去多少人？"

"去我一个人就行了。"

"为什么？"

"因为，那土豪离我们这里有几十里地，去 20 个人不便于隐蔽，容易暴露目标，而且那土豪的狗腿子多，附近又驻有敌人的正规军，我们只能智取，不能强夺硬攻。而智取，人多了容易坏事，我认为还是我一个人去为好。我个子矮小，扮成放牛娃，敌人很难认出我。请团长、党代表放心，我保证完成任务，10 条枪决不少一条。"

张子清、何挺颖见寻淮洲说得在理，便同意了寻淮洲的意见，并叮嘱他一些注意事项，寻淮洲一一记在心上。

从团部出来，寻淮洲向当地老表借了套放牛

娃穿的破衣烂衫，装扮成一个放牛娃，拿了一条麻绳、一个杀猪用的铁钩，带了两支驳壳枪和两颗手榴弹，告别连长陈正春、党代表罗荣桓及排里的战士们就出发了。

那天，天气寒冷，北风呼呼吼叫，大雪纷纷扬扬，张子清、何挺颖、陈正春、罗荣桓以及寻淮洲排里的战士们都为他捏着一把汗。然而，他们的忧虑是多余的。第二天清晨，寻淮洲满头大汗、高高兴兴地回来了，不仅 10 条枪一条不少，而且不费一枪一弹，他自己连半根汗毛也没损伤。战士们一拥而上，有的扛枪，有的祝贺排长凯旋，有的请求排长讲讲搞枪的经过，还是陈正春和罗荣桓及时赶到，才给寻淮洲解了围。

原来，寻淮洲按照张子清和何挺颖所指示的路线，于当天黄昏赶到卢姓土豪的院落外。当晚，他将随身带去的绳子套在铁钩上，凭借雪地的反光用力一甩，将铁钩甩在院内紧靠院墙的一棵大树的树杈上，然后沿着绳子爬上院墙，又顺着大树滑入院内，趁黑溜进那土豪的小厢房里藏了起来。

深夜，土豪家里的其他人都进入了梦乡，只

頭迎百福

剩下那土豪和他的小老婆两人在正房里嬉笑和吃夜宵。寻淮洲便蹑手蹑脚地从小厢房摸入正房，一个箭步闪到那土豪的身后，一手勒住他的脖子，一手紧握子弹已上膛的驳壳枪，将枪口顶住他的太阳穴。土豪吓得魂飞魄散，不仅乖乖地将10条枪全交了出来，而且老老实实地将寻淮洲“护送”出了院子。寻淮洲将枪一支支地背在背上，押着卢土豪出了大门后说：“现在没你的事了，你回去吧！”继而对着黑夜大声招呼说：“一排、二排、三排，撤！”便凭借雪地的反光，连夜返回，走了约两里地，他找了条木棒，用绳子将枪捆成两捆，用木棒挑着，于次日清晨顺利返回部队。就这样，寻淮洲一人不费一枪一弹将10条枪全部搞了回来，圆满完成了任务，受到了毛泽东和团长、党代表等领导同志的表扬。

毛泽东听完寻淮洲的汇报，右手在自己的膝盖上重重一拍，微笑着说：“好，太好了。往后，我看你这个‘小参谋’的称呼该改一改，叫你‘小英雄’才行。你今天好好休息，明天请你给大家讲一讲。”

第二天，毛泽东将遂川城里的部队集合起来，让寻淮洲走上讲台作汇报，台下不时爆发出笑声和掌声，当他介绍完毕，台下更是掌声雷动。接着，毛泽东走上讲台，作了简短的讲话，号召全体指战员向寻淮洲学习，勤学苦练，英勇杀敌。

升任 8 连连长

国民党江西省政府主席朱培德慌忙调集重兵向遂川疯狂反扑，其 1 个独立营趁工农革命军撤回井冈山之机进占了宁冈新城。

此时，工农革命军在遂川一带发动群众，开展土地革命，在数量上，已发展壮大，除第 1 团之外，又将活跃在井冈山一带的袁文才、王佐的绿林队伍改编为第 2 团；在质量上，第 1 团经过秋收起义近半年来的行军作战锻炼，且在遂川经过了 1 个多月的休整，已成长为英勇顽强的战斗部队。为了打击敌人的嚣张气焰，毛泽东决定集中第 1

团、第 2 团的 1 个营及当地的赤卫队，以绝对优势兵力，消灭新城这股孤军深入之敌。

1928 年 2 月 18 日拂晓，在毛泽东亲自率领下，部队悄悄进抵新城城外。按照部署，第 1 团于东、北、南三面同时发起猛攻。战斗打响后，第 9 连冒着弹雨拖着竹梯呈散兵队形，迅速进入敌人的射击死角——城墙下的一座小庙前。

时间就是胜利。寻淮洲下令排里的部分战士以火力掩护，其余战士迅速将竹梯靠上城墙，以两个战士扶一架梯子登梯爬城。寻淮洲腰插两颗手榴弹，一手抓住驳壳枪，一手抓梯敏捷而上。战士们见排长如此英勇，也不甘落后。眼看就要攀上城头，突然城上的敌人用铁叉叉住梯子拼命往外推，致使梯子靠不上城墙而悬在半空中。战士们用枪射击，可敌人躲在城墙后，子弹根本打不着。寻淮洲灵机一动，他迅速将双脚交叉于梯节之间，腾出一只手抽出插在腰间的一颗手榴弹，拧开弹盖，咬掉拉环，顺势扔上城头。只听“轰隆”一声巨响，竹梯随即靠上城墙，寻淮洲趁着烟雾跃上城头，一面射击，一面将第二颗手榴弹投入敌群。这时，排里的其他两架竹梯也靠上了城墙，战士们鱼贯而上，寻淮洲带领全排趁势杀入城中。

与此同时，第 1 营烧开了东城门，也冲入城中。敌人见大势已去，纷纷夺路逃向没有枪声的西门。然而，西门外是一片低洼的水田，水田的尽头是杂树丛生的起伏丘陵，那里埋伏着毛泽东和袁文才带领的第 2 团 1 个营与大批赤卫队。敌人四面楚歌，只好束手就擒。

这一仗，干净利索地全歼国民党军 1 个独立营和 1 个靖卫团共 500 余人，缴枪数百支。击毙守军敌营长、活捉宁冈县县长，粉碎了赣军对井冈山革命根据地的第一次“进剿”。寻淮洲带领的第 9 连 1 排，毙伤俘敌近百人，缴枪数十支。

鉴于寻淮洲的一贯优异表现，新城战斗后，组织上决定吸收他为中国共产党党员。他的入党介绍人是他一直敬重的团长张子清和营长伍中豪。在党旗下，寻淮洲庄严宣誓：牺牲个人，严守秘密，阶级斗争，努力革命，服从党纪，永不叛党。从此，寻淮洲成为一名光荣的中国共产党党员。

4 月中旬，朱德、陈毅率南昌起义部队和湘南农军与毛泽东所领导的工农革命军在井冈山地区胜利会师。

两军胜利会师后，合编为中国工农革命军第 4 军，选出了第 4 军军委，毛泽东任书记，并任命了第 4 军领导人：朱德任军长，毛泽东任党代表，王尔琢任参谋长。部队骤增到 1 万多人，共编 3 个师，湘南起义部队编为第 10 师，师长由朱德兼任；井冈山工农革命军编为第 11 师，张子清任师长；湘南农军编为第 12 师，陈毅任师长。

寻淮洲被编入工农革命军第 11 师 31 团 3 营 8 连，由排长升任为连长。这可大大出乎寻淮洲的意料，自己还不满 17 岁，当排长带 30 多人还马马虎虎，可任连长要带 100 多人，带得不好，将会给革命造成损失。要求不干吧，自己是共产党员，岂不是辜负了组织对自己的培养和期望。

领导同志看出了寻淮洲的心思，都对寻淮洲给予热情的帮助和鼓励。张子清对他说："你是个年轻的'老兵'，只要认真学习，在革命战争中勇于锻炼自己，相信你一定能够干得很好。"寻淮洲终于愉快地挑起了这副重担，决心不辜负组织对他的殷切期望。

5月下旬，第30团、第33团离开根据地返回湘南。这时，部队仅剩下4个团。6月，根据中共中央指示，工农革命军第4军改为红军第4军（以下简称红4军），寻淮洲任红4军第31团3营8连连长。

这时，为适应对敌斗争需要，带有朴素性质的游击战争的基本原则——“敌进我退、敌驻我扰、敌疲我打、敌退我追”十六字诀，在毛泽东的及时总结下已经产生。对于这一重要原则，寻淮洲认真学习，细心领会，并在实践中灵活运用。

湘赣两省国民党军商定于1928年7月7日同时对井冈山革命根据地发动第一次“会剿”。毛泽东、朱德等慎重分析了敌情，按照游击战争“十六字诀”的基本原则，指挥红4军灵活机动地打击敌人，并充分利用敌人内部矛盾，成功运用“对统治势力比较强大的湖南取守势，对统治势力比较薄弱的江西取攻势”的策略，在根据地人民群众的配合下，至8月底，粉碎了敌人对井冈山根据地的第一次“会剿”。

其间，中共湖南省委负责人，派杜修经、杨开明带来指示信，要求红 4 军除红 28 团留下 200 条枪会同赤卫队保卫边界外，其余部队立即离开根据地向湘南发展。不久，又派遣代表袁德生匆匆传达指示，要求将留守井冈山的红军开往湘东。结果，红 4 军东奔西突，损失惨重，军参谋长王尔琢牺牲。敌乘虚而入，井冈山下各县全部被敌人占领，史称“八月失败”。

在这一阶段的战斗中，寻淮洲率领第 3 营 8 连在毛泽东直接领导下活动。毛泽东注重连队建设，注重调查研究，密切联系群众，广泛发扬民主，精辟分析形势，运筹帷幄，决策正确果断，作战灵活机动、机智沉着，使寻淮洲受益匪浅。8 月底，湘赣两军乘红 4 军主力不在，联合对井冈山根据地进行第二次“会剿”。红军留守部队奋勇抗击，取得了黄洋界战斗的胜利，保卫了井冈山大本营。9 月 8 日，红 4 军主力回到井冈山，随即对进入根据地之敌发起反攻，战至 11 月上旬，打破了敌人对井冈山根据地的第二次“会剿”，边界的工农武装割据又重新发展起来。

12月上旬，彭德怀、滕代远率领平江起义后成立的中国工农红军第5军，转战于湘鄂赣边界，历尽艰辛抵达宁冈砻市、新城与红4军会合。红5军改编为红4军第30团，彭德怀任红4军副军长兼第30团团长，滕代远任红4军副党代表兼第30团党代表。

这时，国内形势发生急剧变化，蒋介石正在酝酿中原混战。蒋介石为了巩固后方，下令湘赣两省调集3万余人，以湖南军阀何键为代总指挥，兵分5路，对井冈山根据地发动第三次“会剿”。

1929年1月上旬，面对国民党大军压境的严重局势，毛泽东、朱德等研究决定：实施“攻势的防御”方针，将反“会剿”和反经济封锁问题结合起来。由彭德怀、滕代远等率领红4军第30团和第32团留守井冈山，坚持内线作战；同时实施“围魏救赵”战术，由毛泽东、朱德、陈毅等率领红4军第28团、第31团和独立营、特务营向赣南出击，以便解决由于敌人的军事“会剿”和经济封锁造成的困难，以内线和外线相互配合的办法打破敌军的“会剿”，保卫和发展根据地。

1月14日，红4军3600余人分别从茨坪和小行洲出发向赣南进军。1月26日，湘赣敌军18个团开始向井冈山进犯。29日晚，黄洋界哨口失守。随后，八面山、桐木岭哨口先后被敌攻破。为了保存革命力量，彭德怀根据特委会议决定率领红30团主力冲出重围，往赣南与红4军主力会合，何长工、王佐等率部分红军和群众转战深山老林开展游击战争。井冈山革命根据地失守。红4军得知井冈山失守的消息后，放弃原定计划，转战闽赣边界。

1929年2月10日是农历正月初一。部队利用有利地形，在瑞金城北大柏地伏击尾追敌赣军刘士毅旅两个团。战斗中，寻淮洲率领全连勇猛冲锋，勠力杀敌，每人仅有的20发子弹打光了，就用树枝、石头当武器。寻淮洲的左臂受了伤，鲜血顺着袖管流下来，战友们赶紧扶住他，要把他抬下火线。他推开战友，从自己身上撕下一块布片包扎了一下，又把驳壳枪一挥，叫道："冲啊！跟我来！"全连继续投入战斗，追歼敌人。恶战持续至11日下午，共俘敌正副团长以下800余人，缴获大批枪支弹药。

经一系列行军作战的磨炼，寻淮洲指挥的第 3 营 8 连发展成为红 31 团的主力连队。

古田会议前后

大柏地战斗后，南下红军乘胜进占宁都县城，继而向吉安县的东固推进。1929 年 2 月 17 日，意外地与江西红军独立第 2 团和第 4 团相遇，全军上下欢欣鼓舞。

部队在东固召开了会师大会，并就地进行了 1 个星期的休整，寻淮洲在大柏地战斗中不幸被流弹击中的左臂也日益痊愈。3 月 14 日，部队翻越武夷山南麓进入闽西山区，于长岭寨对汀州的闽西土著军阀郭凤鸣部发起猛攻，歼敌两个团及旅部共 2000 余人，击毙郭凤鸣，缴获机枪数十挺、步枪 500 余支。接着，乘胜攻占长汀城。

为了迷惑敌人，部队改变番号，团改称纵队、营改称支队、连改称大队。红 31 团改称第 3 纵队，司令员为伍中豪。寻淮洲任第 3 纵队 9 支队大队长。

汀州整编后，部队经古城转入瑞金，与从井冈山突围而来的红 4 军第 30 团会合，然后在于都、宁都、兴国、广昌一带发动群众，开展土地革命，创建赣南革命根据地。

寻淮洲奉命率部随红 4 军大部队再次翻越武夷山，疾进深入闽西腹地，与傅柏翠、罗瑞卿等领导的闽西地方红军第 59 团以及张鼎丞等率领的永定地方红军会合，三占闽西政治、经济、文化中心龙岩，全歼土著军阀陈国辉部 3000 余人，不仅缴获大批枪炮弹药，而且使闽西地方红军迅速发展起来。6 月上旬，闽西地方红军改编为红 4 军第 4 纵队。至 7 月，闽西苏区初步建立。

随着形势的发展和革命队伍的扩大，红 4 军及其党组织内加入了大量农民和其他小资产阶级出身的同志，加上环境险恶，战斗频繁，生活艰苦，部队得不到及时教育和整训。因此，极端民主化、重军事轻政治、不重视建立巩固的根据地、流寇思想和军阀主义等非无产阶级思想在红4军内滋长严重。作为红4军党的前委书记的毛泽东曾力图纠正这些错误的思想倾向。但是，由于当时的历史条件，红4军党内特别是领导层内在创建根据地、在红军中实行民主集中等原则问题上存在着认识上的分歧和争论，特别是在是否设置军委问题上发生激烈争论。毛泽东的正确主张没有能够为红4军领导层的大多数同志所接受。在6月下旬召开的中共红4军第七次代表大会上，错误思想占了上风，加之上海的中共中央来信要求朱、毛离队，最后会议没有选举毛泽东为前委书记。寻淮洲是一名不大不小的知识分子，又是军事干部，他坚决拥护毛泽东所倡导的党对军队的领导原则，对于毛泽东的离职百思不解，可是作为一名普通的党员，他必须无条件服从党组织的决议。

6月底，蒋介石得知红4军在闽西节节胜利，为了扭转败局，他发动闽、粤、赣三省的国民党军对红4军和闽西苏区进行“会剿”。针对来势汹汹的敌人，红4军决定由第1纵队和第4纵队于闽西坚持斗争，第2纵队和第3纵队由朱德率领出击闽中，同时派陈毅赴上海向中共中央汇报红4军的状况。

寻淮洲率部随第3纵队行动，在溪南与前来“会剿”的国民党军进行战斗，歼敌近1个团后，乘胜攻克漳平，又歼敌1个营，龙岩守敌闻风而逃。同时，第1纵队和第4纵队于闽西广泛开展游击战争，迫使敌人退回长汀、永定，从而粉碎了闽、粤、赣三省敌人的“会剿”。

随后，4个纵队会合，于9月21日拂晓攻占上杭城，全歼守敌2000多人。接着，红军又乘胜攻占武平县城和粤北梅县，然后撤回长汀。

这时，由于毛泽东的离开，部队中的思想政治工作大大减弱，极端民主化、单纯军事观点、绝对平均主义、主观主义、个人主义、流寇思想、盲动主义等各种错误思想滋长起来，寻淮洲对此十分担忧。

10月下旬，陈毅带着中共中央的“九月来信”回到红4军，向前委传达了中共中央的指示精神，并派人请在上杭苏家坡休养的毛泽东回前委工作。11月26日，毛泽东回到红4军前委。

12月28日至29日，中共红4军第九次代表大会在闽西上杭古田召开。寻淮洲和120多名代表出席了这次具有伟大历史意义的大会。大会选举产生了新的中共红4军前委，毛泽东任书记，通过了毛泽东主持起草的《中国共产党红军第四军第九次代表大会决议案》，即古田会议决议。决议总结了红军创建以来的建军经验，确立了红军建设的根本原则，解决了怎样将红军建设成为一支新型人民军队的根本问题。

1930年4月，趁蒋介石、冯玉祥、阎锡山军阀中原大战前夕，无暇顾及"剿匪"事宜，红军借机迅速扩大，将闽西地方红军升编为主力红军，成立红12军。为了加强红12军的领导力量，红4军从第3纵队抽调部分骨干予以援助，邓毅刚、伍中豪先后调任红12军军长，寻淮洲被抽调至红12军第34师100团担任营长。

出发前，寻淮洲向毛泽东辞行，毛泽东热情地鼓励说："淮洲，你是3纵队的老兵和英雄，还是老连长，现在去12军担任营长，可要放下架子，搞好团结，把部队带好。"寻淮洲感激地向毛泽东表示："请毛书记放心，我一定尽力干好，决不给3纵队抹黑。"

寻淮洲随伍中豪等人到达红12军就职后，立即深入连队熟悉情况和调查研究。他了解到不少同志虽作战英勇顽强，但组织纪律散漫，而且大部分是福建籍战士，小部分是广东籍、湖南籍和江西籍战士。他们有时为了一点小事闹得不可开交，甚至为吃不吃辣椒常常争吵不休。有的连队是不吃辣椒的福建籍和广东籍司务长，于是不买辣椒，而喜欢吃辣椒的江西籍、湖南籍战士心里很不痛快；有的连队是喜欢吃辣椒的江西籍和湖南籍司务长，不仅天天买辣椒，而且菜里甚至汤里都放辣椒，导致福建籍和广东籍战士无法下口，怨声载道。寻淮洲了解到这些情况后，耐心地给大家讲解一根筷子容易折断，一把筷子难以折断的道理，讲解团结的极端重要性和组织纪律散漫的危害，要大家互让互谅，互相照顾，互相爱护，加强组织纪律，搞好革命队伍的团结。

在寻淮洲的细心引导和模范作用感召下，全营干部、战士的组织观念大大加强，官兵之间、士兵之间的关系日益融洽。从此以后，福建籍和广东籍司务长买菜，专门买些辣椒，单独炒，使湖南籍和江西籍的战士得到满足；而江西籍和湖南籍司务长操办伙食，辣椒买得少了起来，并且改变了以往什么菜里都放辣椒的习惯，也将辣椒单独炒，大家心情非常舒畅。寻淮洲从小生活在湖南，在家里可是没有辣椒吃不下饭的，经过几年部队生活，他对辣椒已不那么偏爱了。

6 月，根据中共中央指示和全国红军代表会议精神，为适应以游击战为主向以运动战为主的战略转变需要，红 4 军、红 6 军和红 12 军统一整编为红 1 军团（最初称红军第一路军），朱德任总指挥，毛泽东任政治委员兼前委书记。随后，红 20 军、红 22 军也划归红 1 军团建制。

为支援彭德怀率领的红 3 军团，毛泽东、朱德决定率部挺进湖南。8 月 20 日，红 1 军团集中兵力，在当地赤卫队配合下奔袭文家市，以求歼灭“追剿”红 3 军团的湖南国民党军第 4 路军右路第 3 纵队 4 个团。经 3 个多小时激战，歼敌 3 个团又 1 个营，击毙敌纵队司令兼旅长戴斗垣，缴获

长短枪 1500 余支、机枪 37 挺，取得了红 1 军团成立以来的第一个大胜仗，有力地支援了红 3 军团。在这次战斗中，寻淮洲所在的红 12 军担任右翼攻击，给敌人以重大创伤。

取得文家市战斗的胜利后，红 1 军团和红 3 军团在浏阳永和市胜利会师，决定组成红一方面军和红一方面军总前敌委员会，朱德任方面军总司令，毛泽东任方面军总政治委员兼总前委书记，下辖红 1、红 3 两个军团。寻淮洲所在的红 12 军仍属红 1 军团建制，军长由罗炳辉代理。

红一方面军成立后，根据中共中央的政治路线和军事战略，总前委决定，趁敌第 4 路军第 3 纵队在文家市被歼，第 1 纵队、第 2 纵队尚在浏阳以东地区的机会，再次夺取长沙。命令红一方面军以消灭何键部队、进攻长沙为目的，分 3 路向长沙推进。

此时，湖南国民党军已加强了长沙防务，守城部队增至 31 个团，并在市郊构筑了坚固的防御工事和电网。红一方面军严重缺乏攻坚火器和相关作战经验。虽然红 3 军团有 1 个炮兵团，但火炮不多，炮弹奇缺，根本不足以摧毁国民党军的防御工事。因此，红一方面军于9月2日和10日发起的两次总攻均未奏效。12日，国民党军增援部队进抵湘潭和株洲等地，总前委决定撤围长沙，将部队转移到湘赣边界株洲、醴陵、萍乡等地，就地转入休整、筹款和做群众工作。

9月底，红一方面军主力向吉安方向开进。10月4日，寻淮洲所在的红12军奉命和红4军、红3军以及赣西南的地方红军第20军合力攻克吉安，这不仅大大激发了当地工农群众的革命热情，使赣西南革命根据地得到巩固和发展，也使江西、湖南的敌人受到了极大震动，更使红一方面军和当地游击队、赤卫队得到了大量的兵员、武器、弹药和给养，红军军威大振。

打下吉安后，红一方面军进行整编，红12军得到补充和扩编，取消了营的建制，由团直辖连，寻淮洲由营长升任红12军第34师100团团长。

03 参加反“围剿”

坚守万功山

打下吉安，寻淮洲心里美滋滋的，但他并未被胜利冲昏头脑，也并未因升任团长而飘飘然。此刻，一贯善于思考问题的他正一边翻阅着缴获来的报纸，一边在苦苦思索。警卫员小张是个机灵的小伙子，见此情景，忍不住上前问道：“团长，打下了吉安，该高兴高兴了，您还在想什么呀？”

“调皮鬼！我们打下吉安，并不是就高枕无忧了。俗话说，人无远虑，必有近忧。我们要既有远虑，又想着近忧。我在想，蒋介石是个大赌棍，也是我们称职的‘运输大队长’，他这次丢了吉安，决不会善罢甘休。现在，他打败了冯玉祥和阎锡山，取得了中原大混战的胜利，得了那么多好的武器装备，哪能不‘照应’我们，他一定会调集重兵前来围攻我们，当然少不了给我们带些好武器来。你说，我们红军不好好算计算计‘迎接’他，行吗？”寻淮洲说罢，两人相视笑了起来。

果不其然，10 月 20 日前后，蒋介石调遣 5 个师分别由湖南、河南进入江西境内，连同原在江西的两个师、1 个独立旅共计 10 万大军，委任国民党江西省政府主席、第 9 路军总指挥鲁涤平为南昌行营主任，第 18 师师长张辉瓒为前线总指挥，对中央革命根据地发动了第一次大规模“围剿”。

这时，红一方面军有约 4 万人，根据敌强我弱的实际，红一方面军总前委决定“诱敌深入”，将主力撤退到江西宁都一带，隐蔽集结，待机歼敌。

张辉瓒率领的第 18 师、谭道源率领的第 50 师、公秉藩率领的第 28 师是这次“围剿”的主力。可张辉瓒目空一切，而谭道源、公秉藩等根本就不买他的账。12 月 20 日，公秉藩率领第 28 师进抵红军已经撤离的东固，便通电报捷。次日清晨，大雾弥漫，张辉瓒也不联络，率领第 18 师抵达东固，与公秉藩部厮杀近 4 个小时，待到大雾散去，才知是误杀，双方损失惨重，却连个红军的影子也未见着。

张辉瓒十分恼怒，将公秉藩狠狠地训斥了一顿。公秉藩则一气之下将队伍转移到富田，脱离了张辉瓒的指挥。蒋介石却从南京发来急电，斥责张辉瓒贻误战机，残杀第 28 师，同时嘉奖公秉藩及其部属首战东固之功。而老奸巨猾的谭道源却不按照原定的战术实施，采取稳扎稳打的策略，将其所率部队驻扎于狭长地带的源头，同时催促张辉瓒向源头靠拢。

张辉瓒邀功心切，对谭道源、公秉藩等不放在眼里，对红军更是不屑一顾。12 月 29 日，他将 1 个旅留守东固，自己亲率两个旅大摇大摆向龙冈推进，一路烧杀抢掠，坏事做尽。

然而，就在张辉瓒率部进入龙冈的当天，朱德、毛泽东向埋伏在龙冈附近的红 1、红 3 军团发布了攻击龙冈张辉瓒部的命令。左路红 3 军于 30 日一早占领木坑以北地区和亭子岭主要阵地，继向龙冈攻击前进；红12军于30日拂晓向表湖前进，以一部兵力占领龙冈南端、水西西端之万功山，主力截断龙冈至南垄大道，从兰石、茅坪攻击龙冈之敌侧背。右路红3军团、红4军以主力向上固、下固前进，以一部兵力经回龙到还铺附近，向龙冈西北张家车攻击前进；如上固无敌，则以主力向还铺、张家车攻击前进，而以一部兵力向下固、潭头警戒。

寻淮洲率领的第34师100团，奉命担任坚守万功山主峰的重任。受领任务后，寻淮洲组织召开了团、连负责人会议，集思广益，要求全团指战员不惜一切代价守住万功山，做到人在阵地在，誓与阵地共存亡，决不让人民的万功山落在敌人手中，也决不让敌人从阵地上逃脱。

12月30日凌晨4时，寻淮洲率领全团按计划准时轻装出发，在向导的带领下，顶着隆冬的寒风，披荆斩棘，全速挺进。但是，由于一路山道崎岖不得不绕道，加之路程较远，尽管尽了最大努力，仍然未能按时到达万功山阵地。待他们抵达万功山山脚时，战斗已经打响。寻淮洲当即带领指战员不顾疲劳，一口气冲上了万功山山顶。他从山顶往下一望，只见敌人已经黑压压地冲上来了。他立刻组织部队一阵猛攻，将敌人打了下去。

在打退敌人的第一次冲击之后，寻淮洲立即通知各连连长到团指挥所开会，向他们扼要了解战斗伤亡、兵力和火力配备等情况，并根据实地地形调整了具体战斗部署，强调了注意事项。团政治委员和参谋长就战场鼓动和兵力部署等也分别作了简短的补充。此后，寻淮洲向政治委员和参谋长交代了工作，便带着警卫员到各连阵地检查去了。

在万功山下的张辉瓒使出浑身解数，又是手执左轮手枪枪毙逃兵威逼，又是出重赏组织了一个几百人的敢死队在前面开路，并调来迫击炮对准山头狂轰助威壮胆。寻淮洲则下令部队依托有利地形，将敌人放近了打，以便有效而大量地消灭敌人。当敌人进到距阵地 50 米左右时，他下令全团轻重火器一齐开火，手榴弹在敌群中一排排炸开，大石头也铺天盖地般“轰隆隆”往下滚，敌人非死即伤。当敌人在重赏诱惑下疯狂冲击，将阵地撕开两道小口子时，寻淮洲及时调机动部队增援。最后，敌人在万功山山坡上留下了大量的尸体，余下的敌人狼狈地败下阵去。

战斗持续到下午 2 点多，敌人疲惫沮丧，无力组织冲锋。在这短短的几个小时内，寻淮洲率领红 100 团以英勇和机智打退了敌人 18 次冲锋，消灭了大量敌人，有力保障了整个战斗的顺利发展。

16 时许，红军发起总攻，敌军向西北方向突围未能得逞，随即溃散，四处逃窜。

激烈的战斗结束后，红 100 团在寻淮洲的率领下，下山认真打扫战场。在一条山沟旁的茂密杂草下，几名战士发现了一个山涧冲刷形成的土窝，里面蹲着一个人。战士们将他拖了出来，只见那人又矮又肥，上穿一件窄小的士兵上衣，下着一条黄呢子军裤，脚上满是泥巴，如同一条丧家之犬。战士们一看他就像个大官，问他是什么人，他回答说是军部书记官。可是，将他押到俘虏群中，许多俘虏检举他就是张辉瓒。

活捉了敌前线总指挥张辉瓒，这可是特大的

好消息。寻淮洲当即派几个战士看住他，打扫完战场后，就带领战士们将张辉瓒反绑着双手押到龙冈镇街口右边的万寿宫去见毛泽东、朱德。

红军指战员和周围群众听说捉住了张辉瓒，纷纷奔走相告，不一会儿就把万寿宫围得水泄不通。可张辉瓒见到了毛泽东、朱德，却丑态百出。他先是气壮如牛地讨价还价："讲个实价吧，要多少钱就放我？"继而像个泄了气的皮球耷拉着脑袋，最后甚至"扑通"一声跪地求饶，只要不杀他，愿当朱、毛的参谋长，当个马夫也行，干什么都行，还愿出钱、出枪炮、出药品，要将功赎罪。给他个凳子坐，他却在慌乱中坐在凳子的一头，连人带凳翻倒在地。

毛泽东上前扶正凳子，示意他坐好，严肃地告诉他："张屠夫，我们有的是人才，参谋长、马夫我们都有了，不需要你来当，当参谋长你不配。至于钱、枪炮、药品，也不需要你来给，我们的'运输大队长'蒋介石是不会忘记我们的，他自然会给我们送来。至于杀不杀你，那要问苏区军民同意不同意喽！"

龙冈一战，歼敌第 18 师师部和两个旅近 1 万人，活捉敌前线总指挥兼师长张辉瓒，缴获各种武器 9000 余件，子弹 100 多万发，电台 1 部。据守源头的谭道源第 50 师见势不妙，慌忙掉头逃去东韶。

1931 年 1 月 1 日，红军乘胜星夜兼程追击。当晚，红 12 军追至中村，将谭道源殿后的 1 个团截住，一顿掩杀，歼敌大部，余敌望风溃逃。方面军各部开始向东韶追击。3 日晨，红 12 军和红 3 军团相继进抵东韶附近，随即向敌第 50 师发起攻击，经过激烈战斗，至 16 时许，分别从西、南、北三面突破敌军阵地。这时，红 3 军担任迂回的部队尚未到达指定位置，敌第 50 师乘隙向东和东北方向溃逃。红军奋起追击，歼其一部，连同东韶战斗共歼该师 1 个多旅 3000 余人，残敌逃向临川。

至此，第一次反“围剿”胜利结束。仅 5 天时间，红军接连打了两个大胜仗，歼敌 1 个半师，极大地增强了苏区军民反“围剿”必胜的信心。

年轻师长智斗敌总指挥

1931年2月，蒋介石以军政部长何应钦兼任陆海空军总司令南昌行营主任，调集约20万兵力，对中央革命根据地发动第二次“围剿”。这次敌人采取“稳扎稳打、步步为营”的战术，企图将红一方面军围歼于赣南地区。红军仍采用诱敌深入方针，将主力南移至广昌、宁都、石城地区，集中兵力，先打弱敌，然后自西向东横扫，各个歼灭敌人。5月16日至31日，连续取得富田、白沙、中村、广昌、建宁5次战斗胜利，横扫700余里，自赣江之畔直达福建建宁，共歼敌3万多人，缴枪2万多支，打破了国民党军队的第二次“围剿”，进一步扩大了中央革命根据地。

“七百里驱十五日，赣水苍茫闽山碧，横扫千军如卷席。”毛泽东气势磅礴的诗句，生动地记述了这一鼓舞人心的胜利。

在这次反“围剿”中，寻淮洲所在的红 12 军与红 3 军、红 4 军一道，先后在富田、白沙、中村歼灭了大批进攻的敌军。5 月 27 日，于广昌歼灭敌许克祥师 1 个团。战后，寻淮洲所在的红 34 师留守广昌。不久，他调到红 12 军第 35 师任师长，此时他还不满 19 岁。

第二次反“围剿”胜利后，寻淮洲奉命率部于建宁一带，处理建宁战斗的善后事宜，并为粉碎蒋介石即将发动的第三次反革命“围剿”做物资上的准备。指战员望着收缴的西药、银圆、食盐、布匹、粮食和枪支弹药等战利品，谈笑风生。一名战士调皮地说：“师长，蒋介石真大方，上次叫张辉瓒给我们送来那么多枪支弹药，这次又要刘和鼎给我们送来这么多东西，我们连收条都不用打一个，只是送得太多了搬不动。”

另一名老战士应和道：“哎，多怕什么，蒋介石送得再多，我们也不愁搬。我们搬不完，就发动老表们来帮忙搬。我倒是担心蒋介石把我们给忘了，他不派人来，我们可就没事做了。”

寻淮洲微笑着说：“蒋介石是我们红军称职的

‘运输大队长’，他是绝不会忘记我们的，他还会送更多的物资来的。有了这些物资，用来对付他们的‘围剿’就有把握了。”

7 月初，蒋介石坐镇南昌，亲自指挥 30 万大军，浩浩荡荡杀向中央革命根据地，发动了第三次“围剿”。此时，中央红军 3 万人正分散于赣南、闽西的广大地区开展地方工作。在强敌面前，总前委正确地分析了形势，确定了避敌主力、打其虚弱、乘胜追歼的战略方针，决定派主力绕道千里，回师兴国，利用根据地的有利条件，发动群众，待机歼敌。

可是，到达兴国后，敌人已重兵压境。为了改变这种局面，总前委调整部署，决定集中主力，突破一点，然后由西向东横扫。结果，意图被敌发觉，被迫改变计划，再返兴国高兴圩集中，寻机歼敌，却已西临赣江，东、南、北三面受敌。在此紧要关头，毛泽东、朱德决定改取中间突破。为了隐蔽作战意图，给敌人造成错觉，朱德、毛泽东下令寻淮洲所部红 35 师与红 35 军和独立第 4 师、第 5 师以及部分地方武装向西行动，诱惑敌人继续向前推进。

受领任务后，寻淮洲当即召开紧急会议，研究和部署了行动计划。他说：“我们肩负着特殊的使命，为了确保红军主力安全转移，我们必须想尽办法把动静搞大些，把声势造大些。”

8 月 4 日晚，红军主力在毛泽东、朱德指挥下，巧妙地穿过两路敌军之间 20 公里的空隙地带，神不知、鬼不觉地转到了莲塘地区。而红 35 师在寻淮洲的率领下，连夜行动，向相反的万安方向急速开进，牵引敌第二路进击军。与此同时，红 35 军也急速挺进良口，牵引敌第 1 路进击军和第 4 军团。独立第 5 师广泛开展游击战钳制敌人。独立第 4 师将敌第 1 军团钳制在白石、崇贤地区。

次日，敌人派出飞机多次侦察，发现兴国高兴圩地区已无红军踪迹，而万安、良口方向却旌旗招展，尘土飞扬。

在当地游击队、赤卫队和人民群众的大力支持配合下，寻淮洲率领红 35 师在通往万安的要道上，毁路断桥、生火做饭，大写各军路标、号房子、写留言；有的还在马尾巴上拴树枝，闹得沸沸扬扬。他们还甩掉了一些背包、破水壶和坏了的刺刀、破旧子弹袋、大刀、梭镖和破枪，甚至还在一个山谷里做了一些饭菜，又挑选了1个加强营的兵力埋伏于道路两旁、山崖上和山口处。

寻淮洲率红35师这么一闹腾，不仅吸引了敌第二路进击军总指挥陈诚所率的第11师、第14师，而且将敌人治得凄惨无比。首先是道路被毁，又无桥梁，敌军被迫停下来修路架桥。可是，队伍刚刚停下，又遭到红军猛烈火力的打击，费了好大的气力，不明不白地死了不少官兵，才牵制红军。由于道路被严重毁坏，一时无法修复，车辆、火炮无法通过，而陈诚求战心切，不顾左右劝告，下令丢弃车辆、火炮全速追击。

第二天，陈诚看到道路破坏已少，红军的灶也减少了许多，而且丢了不少东西，他断定红军已经军心动摇，于是下令全力追击。可是，刚走到一个山口，又迎面遇到红军猛烈火力的封锁。费了好大的功夫，并集中所有的小炮和轻、重机枪轰击，又死伤了一批官兵后才冲过山口。

第三天，道路破坏甚微，红军的灶更是骤减，军用物资遍地都是。到中午时分，陈诚率部进至一个山谷，那里更是遍地狼藉，甚至灶里还冒着烟，锅里还有刚做好的饭菜，有的已经吃了一半，有的还没有动过。见此情景，陈诚兴奋得几乎忘了自己姓什么了，而他的部下却乱了套，见到现成的饭菜，如同一群饿狼看见了肉。连日来，他们深入苏区，苦不堪言，后勤供应不上，苏区军民又实行坚壁清野，他们三天有两天填不饱肚子，有时一天也吃不上一顿饭，一个个叫苦不迭。

陈诚眼见队伍大乱，知道大事不好，气得破口大骂，并掏出手枪，击倒几个正在抢食的士兵，总算镇住了队伍。

可正在这时，山谷两边的山崖上和山口处突然枪声大作，震耳欲聋。寻淮洲埋伏的 1 个加强营向山谷里惊魂未定的敌人倾泻着愤怒的子弹、手榴弹，同时利用一些破旧煤油桶燃放鞭炮，把整个山谷搅得惊天动地，敌人顿时死伤狼藉，仓皇向后逃窜。

逃出山谷后，敌人见红军没有追赶，方停住

了脚步。狡黠的陈诚将所剩官兵重新纠集起来，以猛烈火力掩护敢死队和大部队从正面与两翼山梁攻击前进，折腾了两个小时，耗费了大量的弹药，待攻占山谷口和山崖时，除了发现几个吊着的破煤油桶，连一个红军的影子也没见着。

陈诚气得半死，立马下令部队追击，咆哮着："注意严加警戒，切莫再上共匪的当，尤其是大道两边的森林、山梁和隘口，一定要注意搜索！"

在陈诚的严厉催促下，尝到红军厉害的第 11 师、第 14 师官兵心惊胆战地向前移动着，哪里有点风吹草动，他们就慌忙趴下一顿排枪，然后再向两翼包抄，实在是草木皆兵。

就在寻淮洲率领红 35 师在万安一带与陈诚指挥的两个"围剿"主力师斗智斗勇之时，红 35 军在良口一带也大张旗鼓地活动，将敌第一路进击军总指挥赵观涛所指挥的第 6 师诱到了良口。而秘密进入莲塘地区的主力红军在朱德和毛泽东的指挥下，于 8 月 7 日先后对莲塘、良村之敌发起猛烈攻击，歼敌第 47 师 1 个多旅和第 54 师大部，给敌右翼集团军以沉重一击。

寻淮洲预计敌人即将撤退东进，为了拖住、拖垮敌人，他根据毛泽东制定的“敌进我退、敌驻我扰、敌疲我打、敌退我追”的游击战争的战略方针，对部队进行了周密的部署。

果然，8 月 9 日，敌左翼集团军总司令兼前线总指挥何应钦严令陈诚放弃继续西进“追剿”红军的计划，即率第 11 师、第 14 师东进合围红军主力。

寻淮洲灵活机动，将部队时而集中，时而分散，时而追击，时而伏击，四处袭扰敌人，打得敌人整日提心吊胆，一个个饥疲沮丧。

在寻淮洲的率领下，红 35 师给敌以沉重打击，有力地牵制了敌人的有生力量，给红军主力歼敌创造了良好时机。8 月 11 日，红军主力在黄陂一举歼敌 4 个团；9 月 7 日，在高兴圩附近的老营盘歼敌 1 个旅；9 月 15 日，又歼敌 1 个师及另一个师的一部。在两个多月的时间里，红一方面军打了 5 个大胜仗，溃敌 7 个师，歼敌 17 个团，毙伤俘敌 3 万多人，缴枪 1.5 万余支，彻底粉碎了第三次“围剿”。

率部转战东南

1931 年 10 月，红 12 军在长汀与闽西地方红军组建的新 12 军合编，红 12 军主力第 34 师和第 35 师奉命调回江西编入红 4 军，红 35 师被改编为红 4 军第 13 师，寻淮洲仍任师长，张际春任政治委员。

1932 年 1 月，中共临时中央通过《关于争取革命在一省与数省首先胜利的决议》，进一步发展了王明的“左”倾错误，形成了以“进攻路线”为核心的军事冒险主义。2 月初，为了执行中央的决议，红一方面军围攻三面环水、城高且固、易守难攻、层层设防的赣南经济、政治、军事中心赣州，结果围攻了 1 个月零 3 天，不但未能攻克赣州，而且红军伤亡 3000 余人，损失巨大。

赣州战役后，中央红军主力转移至赣州东南地区休整补充。中革军委决定对红 1 军团、红

3 军团、红 5 军团进行整编。寻淮洲所率领的红 4 军第 13 师改编为红 1 军团第 15 军 45 师，寻淮洲任师长，张际春任政治委员。

整编结束后，苏区中央局决定中央红军主力沿赣江两岸北上，向南昌、抚州方向发展。以红 3 军团和湘赣、湘鄂赣苏区红军组成西路军，沿赣江西岸北上；红 1 军团、红 5 军团组成中路军，沿赣江东岸北上。寻淮洲率领红 45 师奉命担任中路军前卫。

随中路军行动途中，毛泽东根据闽西敌情变化向中革军委建议，中路军改向闽西行动。中共苏区中央局接受这一意见，决定中路军改称东路军，先到闽西活动一段时间，打击闽西的国民党军，巩固和扩大苏区，扩大红军并筹措给养，尔后集中东西两路军，继续夺取赣江流域中心城市。

红 1 军团进抵长汀后，对敌情进行了侦察。4 月 10 日，在毛泽东率领下，东路军趁敌不备，向龙岩守敌发起了进攻。寻淮洲率领红 45 师首先消灭了龙岩以西小池守敌，然后在红 4 军的密切配合下，全歼考塘守敌 1 个团，随即占领龙岩城，从而打开了东征漳州的大门。

毛泽东研究决定：以红 5 军团第 13 军驻守龙岩，保障东路军主力侧翼安全；以红 1 军团第 12 军活动于武平、上杭地区，牵制粤军；以红 1 军团第 4 军、第 15 军和红 5 军团第 3 军东进攻打漳州。

4 月 19 日晨，红 4 军向十二岭、风霜岭发起猛烈攻击，歼敌 1 个旅；寻淮洲所在的红 15 军奉命佯攻宝林桥，强渡芗水，配合红 4 军歼灭和击溃沿途各据点的敌人。接着，寻淮洲率领红 45 师从板溪和盘桓岭之间打开一个缺口，切断了天宝镇敌人逃向漳州的退路，各部队立即从四面八方向天宝镇发起猛攻，经过不到 1 个小时的激战，全歼守敌。上午，红 15 军对靖城镇守敌发起攻击，敌一触即溃，纷纷缴械投降。躲在漳州城里的张贞见败局已定，即将城内弹药库焚毁，率领残部弃城而逃。次日，红军东路军浩浩荡荡开进漳州城。

漳州战役的胜利，扩大了红军的政治影响力，开辟了闽南革命根据地，缴获了大量战利品，让干部、战士都换上了新军装。在漳州，寻淮洲和绝大多数指战员一样，“土包子”开了不少洋荤：他第一次看了《唐伯虎点秋香》的无声电影，第一次坐了小汽车，第一次上了飞机，第一次照了相，第一次看到和使用了自来水、电灯……

西路军进入闽西，转战在湘赣边境地区，牵制了 40 多个团的国民党军，有力地配合和支援了东路军的作战行动。

6 月上旬，东路军遵照中革军委训令回师赣南。这时，中共苏区中央局决定恢复红一方面军番号，同时取消东路军、西路军作战编组。红 1 军团、红 5 军团进入赣南安远、信丰地区，红 3 军团回师崇义、南康地区。

8 月上旬，红一方面军在兴国附近的竹坝召开军事会议。接着，中共苏区中央局在兴国召开会议，重新讨论方面军的行动方向问题。两个会议决定：红军主力北上，消灭乐安、永丰、宜黄守敌，并对部队进行整编。红 45 师被编为红 1 军团第 31 师，寻淮洲和张际春仍分别担任师长、政治委员。

整编结束后，红 1 军团、红 3 军团、红 5 军团于 8 月 16 日至 22 日发起乐（安）宜（黄）战役。乐安战斗，以红 1 军团并指挥第 31 师、第 22 军 65 师及总部特务营担任攻城，红 3 军团进至宜黄策应攻城，红 5 军团担任总预备队。17 日攻克乐安，全歼守敌 1 个多旅。宜黄战斗，歼灭守敌 1 个师部和两个旅大部。一周内，红军两战两捷，仅俘虏就达 5000 余人。

10月上旬，中共苏区中央局在宁都召开会议，要求红军以进攻战略粉碎敌之大举进攻，进而夺取中心城市，实现江西及邻近省区革命的首先胜利。同时，还对毛泽东和他在红军中实行的战略战术原则，进行了错误的批评与指责。毛泽东被排挤出红军领导岗位。寻淮洲对毛泽东运筹帷幄的高超军事指挥艺术和杰出非凡的政治才能深有体会，自秋收起义以来，他就跟随毛泽东转战南北西东。他深刻认识到，有毛泽东掌舵，红军就胜利和发展，否则就遭受挫折和损失。

12 月下旬，红一方面军进行以精简机关为主要内容的整编。1933 年 1 月，赣东北红 10 军奉命进入中央苏区，与红一方面军第 31 师合编为红 11 军，下辖第 31 师、第 32 师、第 33 师。第

31 师师长为寻淮洲，政治委员为方志纯。

1932 年 12 月，国民党调集近 40 万兵力，采取“分进合击”的作战方针，对中央苏区发动第四次大规模“围剿”。具体部署是：以蒋介石嫡系 12 个师组成中路军，担负“主剿”任务，寻求红军主力决战，由第 18 军军长陈诚指挥；以第 19 路军等部 6 个师又 1 个旅编为左路军，以驻赣南、粤北的粤军 6 个师又 1 个旅编为右路军，分别在闽西和赣粤边境地区担负就地“剿办”和策应中路军进攻的任务。

1933 年 1 月底，蒋介石到南昌，亲自组织指挥这次“围剿”，企图一举肃清“中心区域的匪患”。

2 月 4 日，中共苏区中央局要求红军在敌部署未定之时，实行进攻作战击溃敌人，并命令红一方面军首先围攻南丰。南丰城东临抚河，位于南北狭长的平原地带，为抚河战线敌人进攻中央苏区的重要据点。敌第 8 师主力约 5 个团部署在该城及周边，1 个团在里塔圩和新丰街防守。

2 月 9 日，红 11 军奉命南下随红一方面军向南丰地区开进。11 日，第 22 军占领里塔圩，敌退至南丰城。新丰街之敌因归路被我截断，退至南城。12 日晚，红 3、红 5 军团各一部向南丰城西北之敌外围阵地发起进攻，战至次日晨，未能突破敌人主阵地。此时，敌中路军总指挥陈诚一面令南城守敌第 24 师立即派队驰援南丰，一面令中路军各部迅速向南丰推进，企图聚歼红一方面军。

面对强敌，红一方面军总司令朱德、总政治委员周恩来毅然决定撤围南丰，采取退却战略，以红 11 军伪装主力，由南丰向东北的黎川方向前进，方面军主力则秘密转移到西南的宁都东韶、洛口地区伺机而动。寻淮洲和方志纯率红 31 师与红 32 师、红 33 师一道，由南丰大张旗鼓地向东北的黎川方向进击。

这次诱敌和上次大不相同，红军兵力上得到了大大加强，不仅有寻淮洲率领的原红 12 军第 35 师，而且有方志敏、周建屏等创建的赣东北红 10 军。这两支部队都久经战火考验，具有丰富的作战经验，因而诱敌以实攻为主，以虚张声势为辅，集中主力攻击敌人孤立和防守薄弱的据点和碉堡，并以多路小分队同时袭击敌后粮库、弹药库，辅以号房子、写路标、刷标语、马尾巴上拴树枝和攻击敌人时燃放花炮等，搞得敌人摸不清虚实。

红 11 军的行动，立即迷惑了陈诚。他以其指挥的中路军第 2 纵队 4 个师侧击黎川、建宁；以第 3 纵队 4 个师从正面向黎川方向推进，企图合击红一方面军于黎川、建宁地区；同时以第 1 纵队第 52 师、第 59 师由乐安东进宜黄黄陂，与由宜黄南下的第 11 师会合，切断红一方面军的退路。结果，陈诚率部主力追至黎川，却扑了空；第 1 纵队与第 2 纵队、第 3 纵队的距离拉得过大，态势孤立；第 52 师、第 59 师由乐安进至黄陂地区，却被朱德、周恩来率领的红一方面军的真正主力装进了“口袋”，大部被歼灭，敌第 52 师师长李明、第 59 师师长陈时骥被活捉。

黄陂大捷后，红一方面军主力秘密转移到了宁都的小布、东韶、洛口地区休整待机；而寻淮洲所在的红 11 军则奉命进至广昌及其西北地区，在地方武装和人民群众的密切配合下积极活动，于广昌洽村给陈诚的前纵队以迎头痛击，致使陈诚误以为红军主力在广昌而加速推进，结果前纵队与后纵队的距离越拉越大，当后纵队的第 11 师进至峰峦叠嶂的草台岗地区、第 3 纵队的第 9 师进至宜黄东陂地区时，前后两个纵队已相距近 50 公里，且后纵队力量比较薄弱。于是，红一方面军主力趁机猛烈出击，敌第 11 师除约 1 个团得以逃脱外，其余全部被歼；此外，还歼灭了敌第 59 师残部和第 9 师一部，取得了草台岗战斗的胜利。

黄陂、草台岗两仗共歼灭蒋介石嫡系近 3 个师，俘敌 1 万余人，从而胜利地打破了敌人的第四次“围剿”，创造了红军战争史上前所未有的以大兵团伏击歼敌的光辉范例。

在这次反“围剿”作战中，寻淮洲率领红 31 师与红 32 师、红 33 师一道，调动和牵制敌数师“围剿”军主力，有力地保证了红一方面军主力大规模地歼灭敌人。作战结束后，寻淮洲受到中革军委的特别嘉奖，并被提升为红 21 军军长。

1933 年 5 月 8 日，中共临时中央决定增补博古、项英为中革军委委员，规定中革军委主席朱德在前方时，由项英代理中革军委主席职务，实际上由临时中央总负责人博古控制军事指挥权。9月，共产国际军事顾问李德来到中央革命根据地，并在博古等人的支持下，掌握了中央红军军事指挥权，从而使王明“左”倾冒险主义发展到居统治的地位，红军日益陷入被动挨打的困境。

6月，中革军委下令对红一方面军进行大整编，一律撤销军部，由小师小团整编为大师大团。寻淮洲率领的红21军与邓小平、张云逸等创建的红7军合编，改为红3军团第5师，寻淮洲任师长，乐少华任政治委员，黄子荣任参谋长，黄克诚任政治部主任，下辖第13团、第14团、第15团。

04 东西线鏖战

攻克泉上土堡

1933年6月中旬，中共临时中央提出了红军分离作战的方针，企图通过主力红军的分离作战，在两个战略方向上同时取胜，以实现革命在江西的首先胜利。要求红一方面军主力分成两部分，一部分组成中央军，在抚河与赣江之间地区积极活动，破坏敌之作战计划；另一部分组成东方军，入闽作战。然后，集中方面军及地方部队，会攻抚州和南昌。

根据这一指示，红一方面军将红3军团第4师、第5师和红5军团第19师、第34师改组成为东方军，彭德怀兼任司令员，滕代远兼任政治委员，邓萍兼任参谋长，袁国平兼任政治部主任。7月2日，东方军所属各部由江西向闽西进发。寻淮洲奉命率领红5师由江西石城地区向闽西宁化东北的泉上挺进。泉上系宁化东北重镇，它东临归化，南依清流，是闽西和闽北的交通要冲，地理位置十分重要，历来是兵家必争之地。

7月5日，红5师前锋与据守泉上外围红洞岗、天子嵊制高点的敌人接火。敌人不知红军主力进展如此神速，以为是地方游击队在袭扰，即组织火力封锁通道。守敌长官得意忘形，挺着大肚子、挥动驳壳枪站起来为部下打气。寻淮洲赶到后观察了一下地形，迅速从身旁战士手中拿过一支长枪，照着敌长官就是一枪，只听“砰”的一声，敌长官应声倒下。其他敌人见状大惊失色，顿时乱作一团。寻淮洲趁机率部发起冲锋，一阵激战，敌大部被歼灭，其余慌忙逃进泉上土堡。寻淮洲指挥部队迅速占领土堡外围，将土堡严严实实包围起来。

战士们从没见过这么大的土堡，它墙高8米，厚7米，长500米。墙顶岗哨林立，墙外深水环绕，四周田野平坦，易守难攻。其内驻有国民党军阀卢兴邦部 1 个团，并有宁化、清流、石城、长汀 4 县残余地主武装 400 余人，储有大量的粮食、食盐及军火弹药，是周围数县逃亡地主负隅顽抗的反动堡垒。如何攻打这个土堡，战士们一时议论纷纷。

寻淮洲也觉得硬攻不是办法，如果硬攻，敌暗我明，会给部队造成很大的伤亡。他召开诸葛亮会，听取大家的意见，最后决定采取挖掘坑道的办法炸掉这个土堡。寻淮洲命令 1 个团对其进行佯攻，以吸引和麻痹敌人，1 个团对土堡轮番进行坑道作业，同时派 1 个团东进归化，消灭外围敌人，防止增援。7 月 9 日，第 13 团歼灭归化守敌 1 个营，解放归化城，为攻克泉上土堡创造了有利条件。

7 月 18 日深夜，经 10 余天的日夜挖掘，红 5 师终于完成了对土堡的坑道作业，挖掘出一条 100 多米长的大坑道，直通土堡底下，然后将炸药装入 3 副大棺材内叠放于坑道内，用毛竹将导火线引出坑道外，用泥土堵塞 10 余米并砸实。次日凌晨，寻淮洲下令起爆，随着一声闷雷般的巨响，土墙塌下一个小缺口。寻淮洲当即率部发起冲锋，不料，3 副棺材里的炸药没有同时爆炸，就在寻淮洲带领部队快接近土堡时，突然又是一声惊雷般的巨响，土墙一下被炸开一个大缺口，土墙以内的铁丝网也被炸掉一段，冲在前面的部队一下倒了几十人，有的被土墙压住牺牲了。寻淮洲也被震倒在地，身上被炸起的墙土盖了厚厚的一层，他一骨碌爬起来，咬紧牙关，一面大声命令司号员再次吹响冲锋号，指挥部队勇猛攻击，一面留下部分人员抢救被土墙压住的战士。在寻淮洲的指挥下，部队迅速夺取了敌人的工事，经过近 3 个小时的激战，将土堡内的敌人全部歼灭，共毙敌 400 余人，俘敌 1200 余人，缴获长短枪 1000 余支、迫击炮两门、机枪 3 挺、驳壳枪 70 余支和大量弹药、食盐及其他军用物资。

红军攻克泉上土堡，泉上人民极为感激，不仅热情慰劳红军指战员，而且青壮年纷纷要求加入红军，这对于闽西的敌人是一个巨大的打击。

这时，东方军其他各部也相继攻占了宁化、

清流等地，收复大片地区，使宁化、清流、归化、建宁连成一片，胜利地完成了第一阶段的任务。

朋口延平打援

泉上大捷后，寻淮洲率红 5 师就地休整了两天，一边打扫战场，一边发动群众。这时，东方军又接到中共临时中央立即攻占连城的命令。

连城原为闽西苏区。四五月间，蒋介石将在上海抗击日军的第 19 路军调到福建，进驻连城一带。其第 60 师驻守龙岩、新泉一线；第 61 师驻守闽中泉州、永春一带；第 78 师驻守连城及四堡周围。

敌第 78 师有 2 个旅 6 个团，总兵力 1 万余人。该师全部配有德式装备，训练有素，战斗力较强。驻守连城的是第 78 师的 5 个团，修筑有坚固的野战工事，易守难攻。要想拿下连城的确是十分困难的。另 1 个团驻朋口地区，朋口位于连城至上杭、长汀至龙岩大道交叉点，是第 19 路军侵入中央苏区的前哨据点。

但临时中央负责人博古全然不顾这些实际情况，命令东方军迅速攻取连城，并且按地图所标示的位置，规定由北向南进攻，限时限刻，甚至哪个山头几个人、几条枪都加以严格规定，任何人不得改变，如若谁改变，必须负全部责任。

7 月 22 日，寻淮洲奉命率领红 5 师撤离泉上向连城推进。时值闽西炎热季节，白天烈日炎炎，晚上蚊子成群，一咬就是一个大疙瘩。为了准时赶到指定地点，一路上，寻淮洲和战士们顶烈日，驱蚊虫，疾速开进，每天全身汗水淋漓，衣服、裤子从身上脱下一拧都是汗水，犹如刚从水里捞出来一般。

7 月 25 日，红 5 师准时赶到指定攻击地域，寻淮洲发现由北向南攻打连城，完全处于仰攻的不利地位，而且攻击的地点也没有，根本无法完成任务，于是将情况如实报告东方军总部。实际上，东方军总指挥彭德怀已率 1 个侦察排先红 5 师侦察了连城的地形和敌人的兵力部署，并将情况反映给了方面军司令部，要求根据当前的实际情况改变原定作战计划，采取围点打援战术，并要求给予作战的机动权。方面军经与临时中央负责人反复争论，终获批准。

彭德怀等获得机动权后，当即决定以朋口为突破口，实施围点打援战术。

7 月 30 日晨，红 19 师主力首先向朋口发起攻击，该师另一部向璧州、莒溪发起攻击。与此同时，担负打援任务的红 5 师第 13 团由寻淮洲亲率抄小道向朋口东侧贵仞山一带高地攻击。进攻朋口的红 19 师主力，迅速将该镇包围。但守敌凭借坚固工事，负隅顽抗。红 19 师同敌人展开激烈拼杀，激战至黄昏，仍未能攻克。当晚，军团宣传队到达攻击阵地，进行政治宣传，瓦解敌军士气，激励红军斗志。同时，红 4 师派部队前来增援。经激烈战斗，东方军终于在次日中午前攻克了朋口，全歼守敌。红 5 师第 13 团亦在此之前占领贵仞山一带高地。当东方军进攻朋口时，敌第 78 师师长区寿年即以第 466 团由连城增援朋口。同时，驻莒溪之敌亦派兵增援。31 日，连城援敌第 466 团进至贵仞山前。红 5 师第 13 团依托有利地形，给敌以迎头痛击。红 4 师第 10 团迅速迂回至该敌侧后夹击，将该敌大部歼灭。与此同时，东方军继歼莒溪援敌，并乘胜占领莒溪。

敌第 78 师被歼灭两个团，慌忙将驻连城附近各据点的部队收缩城内，继而放弃连城撤往永安。彭德怀获悉，下令东方军全线出击。敌人狼狈不堪，饿着肚子昼夜狂奔 80 多公里直达永安。寻淮洲率部和兄弟部队一道追至小陶，歼敌 1 个团后返回。

朋口围歼战，共歼敌第 78 师约 3 个团，俘敌 2000 余人，缴枪 2000 余支、军粮 1500 余担，恢复了连城、朋口、新泉一带大片苏区。

8 月 13 日，临时中央指挥部又电令东方军立即北上，攻打洋口和延平。东方军除留下红 34 师驻守连城外，其余部队奉命北上，结果费尽心血打下的八九个县的根据地，丢得一干二净。

8 月 24 日，寻淮洲奉命率领红 5 师抵达沙县，首先解放了夏茂、高桥等乡镇。接着，与兄弟部队一道攻占了闽江上游的主要商埠洋口和峡阳，击溃敌第 56 师刘和鼎部 3 个团。刘和鼎率残部退踞延平死守。

这时，彭德怀命令寻淮洲率领红 5 师将延平城包围起来，实施积极佯攻、围城打援战术。延平守敌得知已被红军包围，急忙向驻福州的国民党军求援。福州国民党军出动 1 个师前来增援，当先头部队 1 个团的兵力分乘数艘汽轮进抵距延平不远的夏道镇时，寻淮洲即令红 13 团会同红 4 师第 10 团出击，俘敌 1 个前卫排后，继而以优势兵力猛然出击。敌援军仓皇应战，一部被歼灭，大部逃回水口。

延平城内守敌获悉福州援军被击溃，又见城外红军攻势日益猛烈，犹如热锅上的蚂蚁，只得又向驻沙县的第 19 路军求援。9 月 17 日，沙县守敌派出 1 个团又两个营的兵力前来延平增援。彭德怀获悉后，立即下令红 5 师撤围延平，会同红 4 师主力前往延平的西芹和沙溪口，待机歼灭沙县增援之敌。

兵贵神速，寻淮洲接到命令，立即命令离敌较近的第 13 团为前卫，其余部队迅速跟进。为了不误战机，寻淮洲又特地嘱咐红 13 团团长李天佑，时间就是胜利，务必要赶在敌人之前到达西芹，抢占有利地形，尤其是要抢占芹山主峰，不惜一切代价阻击增援之敌。

李天佑迅速集合部队，在向导的带领下，不顾天降暴雨和夜色漆黑，摸索着向芹山进发。经一夜急行军终于在第二天拂晓进抵芹山山腰，正好遭遇敌先头部队。李天佑带领全团不顾满山荆棘和长途行军疲劳，奋力攀登，终于先敌抢占了芹山主峰。接着，居高临下先敌开火，猛冲猛打。

援敌凭借装备和兵力的优势拼死争夺主峰，战斗进行得十分激烈，一部分不怕死的敌人冲上了山巅，红 13 团的指战员勇猛冲杀，与敌展开肉搏，又将敌赶了下去。一次又一次的拉锯战，敌人除丢下一片片尸体外，始终过不了芹山。此次战斗，红 13 团打得十分英勇顽强，在肉搏战中，第 1 营营长赵壁腹部被子弹打穿，肠子流了出来，他咬紧牙关把肠子塞进肚子里，仍坚持指挥战斗，直到英勇牺牲。敌团长见增援延平无望，在这里只是白耗兵力，于是带领残兵仓皇向高砂逃窜。李天佑

即率红 13 团乘胜追击到高砂。

这一仗，红 13 团战果辉煌，全歼敌第 19 路军 61 师号称“铁军团”的第 366 团，击溃敌第 78 师 1 个营和第 52 师 1 个营，一举创造了以 1 个团的兵力在运动战中歼敌 1 个精锐团、溃敌 2 个营的纪录。

寻淮洲获悉，以激动无比的心情赶到高砂，主持召开了芹山战斗的总结大会，高度赞扬红 13 团指战员英勇顽强、敢打敢拼、善于作战的革命精神，称赞这一仗以少胜多、以劣胜强，打得漂亮，打出了红军的军威。

收复归化永安

1933 年 9 月，蒋介石集中 50 万兵力企图彻底消灭红一方面军，摧毁苏区。25 日，国民党北路军第 3 路军第 8 纵队周浑元部第 5 师、第 6 师、第 96 师由南城出发，经硝石进攻黎川，开始了对中央苏区的第五次“围剿”。

随即，国民党军首先攻占了闽赣军区司令员萧劲光率领的仅 70 余人的教导队和一些地方游击队防守的黎川。中革军委临时指挥部负责人认为，黎川失守等于是敌人打开了中央苏区的北面门户，于是下令在闽西、闽北作战的东方军迅速返回赣东北抵御敌人，重建中央苏区北大门。

10 月 6 日，东方军奉命向黎川进击，在黎川东北的洵口与敌第 18 旅等部共 3 个团不期而遇。寻淮洲率领红 5 师与东方军兄弟部队先敌开火，先敌展开，占领有利地形，迅速将敌冲垮，继而勇猛追击，一举歼敌 2 个多团，生擒敌旅长。

这一仗，是第五次反“围剿”作战的一次不预期遭遇战，纯属偶然取胜，却被中革军委临时指挥部负责人视为具有普遍意义，并以此为依据，全面实施“御敌于国门之外”“不丢寸土”的作战方针，将红军主力置于根据地边缘，与强敌拼命，相继下令红军主力攻硝石，打资溪桥。寻淮洲率部与兄弟部队在敌人堡垒中心左冲右突，伤亡巨大，却一无所获。

10月28日，根据中革军委的命令，红11军和赣东、闽北地方武装改编为红7军团，辖第19师、第20师、第34师和1个独立团。寻淮洲被任命为红7军团军团长，萧劲光任政治委员，郭如岳任参谋长，邓乾元任政治部主任。寻淮洲成为红军历史上最年轻的军团长，但因率红5师忙于东方战线作战而未就职，暂由萧劲光兼任。

11月11日，刚组建的红7军团奉命攻打黎川西北的浒湾时，在八角亭附近遭到浒湾和金溪、琅琚出击之敌的夹击，红3军团立即赴援。敌人一面在八角亭东南抗击红3军团，一面猛攻坚守八角亭附近高地的红7军团。12日，红3军团主力多次向敌阵地攻击，在敌人密集火力和飞机低空扫射下，遭受重大伤亡，被迫撤出战斗；红7军团也在阵地被敌突破后，匆忙后撤。这一仗，红军伤亡共1100余人。

红军主力接连遭受挫折，中革军委临时指挥部负责人却把失败归罪于方面军领导干预了他们的决心和各个军团执行他们的指示不坚决，并于20日以中革军委名义下达了一封致师以上干部的信，对此进行严厉的批评。寻淮洲作为一名军团长，对此做法百思不得其解。

11 月 20 日，国民党第 19 路军发动了福建事变，公开宣布联共、反蒋、抗日，中央根据地的东部出现了一个“围剿”的大缺口。然而，中革军委临时指挥部负责人不断贻误有利的战机，没有采取积极行动配合第 19 路军，使我军丧失了粉碎敌人第五次“围剿”的有利时机，并在红军内部以黎川失守为借口，将萧劲光撤职、公审、判刑。12 月下旬，寻淮洲奉命赴任红 7 军团军团长，乐少华任军团政治委员，粟裕任军团参谋长。

1934 年 1 月上旬，寻淮洲奉命率红 7 军团第 19 师、第 34 师先后从泰宁南下，配合东方军向东突击行动。东方军于 1 月 25 日攻克沙县县城，但对于粉碎敌人的第五次“围剿”和援助第 19 路军的福建事变，均无决定性作用。

蒋介石镇压了福建事变之后，重新调整军事部署，以 16 个师又 1 个旅、两个团为东路军，以 25 个师又两个旅、1 个支队和 3 个团为北路军，全力“围剿”中央苏区。

为了阻止敌人的进犯，就在攻克沙县县城的当天，红3军团第4师奉命回师泰宁，配合红1军团、红9军团抵御敌人。红5师、红6师也奉命撤回归化待机。寻淮洲率领红7军团第19师和第34师驻守沙县。

在沙县，寻淮洲率部打土豪分田地，发动群众，建立地方武装和革命政权，成立了沙县革命委员会。2月下旬，敌人再次大举进犯中央根据地，为了阻止敌人南进，红3军团奉命返回广昌的头陂一带；红34师奉命归红5军团建制；寻淮洲告别沙县群众，奉命率领红7军团军团部和红19师于3月初与红20师、红21师会合，集结于归化的夏阳、沙溪一带，待机行动。

至此，东方军第二次入闽作战胜利结束。

由于寻淮洲机智果敢，率部英勇杀敌，屡建战功，在1934年1月于瑞金召开的中华苏维埃共和国第二次全国代表大会上，他荣幸地当选为中央执行委员。

1934年4月10日，国民党北路军11个师在东路军配合下，开始进攻中央苏区的北部门户广昌。中革军委不顾红军连续作战、严重减员、战士疲惫等情况，继续实行所谓集中对集中、堡垒对堡垒、阵地对阵地的“正规战”打法，命令红军主力固守广昌。

为了有效地牵制和打击敌人，寻淮洲奉命率部向归化发起进攻。他以军团参谋长粟裕率领红19师第55团和师直工兵连与闽西的红9团对永安城实施坑道作业；以红21师占领贡川一带，准备打击由沙县、三元增援永安之敌；亲自率领红19师第56团、第57团打击企图进犯归化的将乐守敌蒋介石嫡系部队第10师。

4月12日晚，寻淮洲派遣1个营的兵力埋伏于山峦重叠、树高林深的铜岭西麓的松皮坳，自己亲率1个团占领紧靠归化城的铁岭，其余兵力则占领铜岭和铁岭之间的要隘。

当晚，狡猾的敌第10师师长李默庵带领2个团的兵力抢占了与松皮坳相距几里的铜岭高地。天亮后，其主力抵达铜岭，接着由铜岭经松皮坳向铁岭推进。寻淮洲下令部队严加隐蔽，将敌人放近再打。由于敌人轻松占领了铜岭，又见铁岭上毫无动静，便放松了戒备。当敌进到离铁岭山顶 100 米内时，寻淮洲大喝一声：“打！”霎时间，铁岭上枪声大作，子弹如同暴雨般地泻向敌群。敌人被打得措手不及，连滚带爬逃下山去。寻淮洲命令司号员吹响冲锋号，追歼逃敌。敌人大乱，蜂拥向铜岭溃逃，刚窜到松皮坳前，迎面遭到埋伏在那里的 1 个营兵力的阻击。敌被打死打伤一部，其余纷纷夺路向铜岭方向奔逃。松皮坳的部队完成伏击任务后，迅速撤到铁岭与寻淮洲率领的部队会合。

临近中午，敌人出动 8 架飞机狂轰滥炸，铜岭的敌人乘机发起疯狂反扑。寻淮洲率部奋力还击，接连打退了敌人 10 余次冲锋，铁岭上留下了大片敌人的尸体。

午后，敌人组织了一支强大的敢死队向铁岭冲来，当敢死队员冲至铁岭半山腰时，心狠手辣的敌师长李默庵竟下令在山脚放火，冲上半山腰的敌人无奈，只得背火一战。寻淮洲当即果断下令部队撤离阵地，撤至旦上一带隐蔽待机，敌乘机占领归化县城。

第二天，寻淮洲决定以少部兵力佯攻将乐的

敌第 10 师老巢，并将主力埋伏于铜岭、铁岭一带丛林之中。

李默庵正陶醉于胜利，得知将乐危急，立马率部队救援。当他指挥部队前锋进入铜岭，后队抵达铁岭之时，突然天空升起 3 颗红色信号弹，随之枪声、手榴弹爆炸声、鞭炮的“噼啪”炸响声响成一片。李默庵大呼上当，于是下令部队绕道前进。寻淮洲下令部队冲锋，第 56 团、第 57 团的指战员呐喊着向敌人猛烈冲击。敌人溃不成军，在惊慌失措中逃回将乐。寻淮洲率部顺利收复归化。

铜岭、铁岭两次战斗，寻淮洲率领红 19 师第 56 团、第 57 团给敌人以沉重打击，毙伤敌 400 余人。

收复归化后，寻淮洲率领第 56 团、第 57 团主力急行军赶回永安。这时，粟裕已按原计划完成了坑道作业，并做好了攻打永安城的战斗准备。

4 月 18 日 5 时，寻淮洲下令点火，不一会儿，“轰隆”一声巨响，坚固的城墙一下炸开了一道 10 多米长的大缺口。寻淮洲立即命令突击队出发。从担任主攻的红 19 师中精心挑选出的 150

名具有丰富作战经验的党、团员突击队员如同离弦利箭，在猛烈的火力掩护下，呐喊着穿过城墙缺口突入城中。寻淮洲带领红 19 师紧随突击队亦杀入城中。酣睡的敌人军心涣散，纷纷缴械投降。这一仗，红 7 军团全歼守敌 1 个团和 1 个县保安团，仅俘虏就近 2000 人，缴获长短枪 1000 多支，机枪 20 余挺，炮 7 门，子弹 10 万余发，电台 2 部及其他军用物资，受到中革军委的特电嘉奖。

05 抗日先遣队

特殊使命

1931 年 9 月 18 日，日本帝国主义发动九一八事变，开始大举侵占我国东北。东北各阶层人民和爱国官兵纷纷组织抗日义勇军等各种形式的抗日队伍。中国共产党在抗日义勇军中广泛开展工作，并组织党领导下的抗日武装。九一八事变后，中国人民奋起抵抗，成为中国人民抗日战争的起点，同时揭开了世界反法西斯战争的序幕。

在中央苏区第五次反“围剿”连连失利、形势日益危急的情况下，中共中央、中革军委于 1934 年 7 月初决定，以红 7 军团组成“北上抗日先遣队”，北上闽浙赣皖边地区。

红 7 军团在中央红军中是较年轻的一个军团，从正式组建至此时，还不足一年时间，基本上处于东线作战，但由于连续作战的磨炼，已成长为一支擅长游击战、运动战的部队。同时，由于东线连续行军作战的伤亡与疾病，此时部队仅有 4000 余人。

红 7 军团受命后，立即从福建连城地区回到瑞金，在短期休整的同时，部队进行了改编：以第 19 师所辖的 3 个团为基础，扩编成立第 1 师、第 2 师、第 3 师，胡天桃、王裔三、王永瑞（王蕴瑞）分别担任师长，李仕元、李仕清、钱琪柱分别担任政治委员。加上突击补充的 2000 余名新战士，红 7 军团共有 6000 余名战士，1200 余支枪和 6 门迫击炮。

寻淮洲与政治委员乐少华、参谋长粟裕、政治部主任刘英等军团负责同志到达瑞金后，受到中共中央和中革军委主要领导人及军事顾问李德的热情接见，并接受了他们当面赋予的特殊任务：“第一，最高度地在福建、浙江发展游击战争，创造游击区域，一直到在福建、浙江、江西、安徽诸地界建立新的苏维埃根据地；第二，最高度地开展福建、浙江的反日活动；第三，消灭敌人后方的单个部队，特别是在福建及浙赣边境上的单个部队；第四，深入到敌人远后方去，经过闽江流域，一直到杭江铁路及安徽的南部，以吸引蒋敌将其兵力从中央苏区调回一部到其后方去。”并规定这次行动的最后目的地为皖南，限期一个半月之内到达。

为了加强对红 7 军团的领导，中革军委任命闽浙赣苏区中央代表兼省委书记曾洪易（后叛变）为随军中央代表；寻淮洲与乐少华、曾洪易三人组成军团军政委员会，决定军团的一切政治、军事问题。

对于这次行动，中共中央和中华苏维埃共和国临时中央政府及中革军委都寄予很大的期望，做了大量的准备工作。为了宣传党的抗日救国主张，中央还在印刷条件极为困难的情况下，赶印了《中国工农红军北上抗日宣言》《中国工农红军北上抗日先遣队告农民书》《中国能不能抗日？》及《拥护红军北上抗日运动口号》等宣传材料，共 160 万份。此外，为了确保先遣队行动，在军事形势十分危急的情况下，又限令红 7 军团进行了三四天的休

整和准备，并且下令被誉为“战略骑兵”的红9军团实施“东线行动”，专程护送红7军团过闽江。

7月6日晚，红7军团在寻淮洲、乐少华等率领下从瑞金出发，秘密向闽西的长汀、连城地区挺进。同时，红9军团在罗炳辉、蔡树藩等率领下，亦从江西石城地区出发，实施“东线行动”。

7月15日，中华苏维埃共和国临时中央政府、中革军委联合发表了《中国工农红军北上抗日宣言》，指出，为了动员全部力量，同日本帝国主义直接作战，苏维埃政府与工农红军在同国民党军队的优势兵力残酷决战的紧急关头，不辞一切艰难，以最大决心派遣抗日先遣队北上抗日，号召全中国的民众联合起来共同抗日，开展民众的民族革命战争，打倒日本帝国主义，打倒卖国贼汉奸集团的国民党。

经过4天的艰难跋涉，红7军团分路进抵永安。寻淮洲下令部队对永安实施三面合围，并派出一支精干的小分队为军团先头部队，挺进闽中。

7月21日，红7军团先头部队轻而易举占领大田县城，全歼守军1个保安排，缴获步枪10余支、无线电台 1 部、食盐 1 万余斤。接着，继续向尤溪县城挺进。守敌闻风而逃，红 7 军团先头部队不费一枪一弹占领尤溪县城。寻淮洲即率军团主力紧紧跟进。

红 7 军团一部攻占闽江南岸的尤溪口后，继续扩大战果，又攻占了尤溪口以东的樟湖坂，歼敌保安团 2 个连，俘敌 100 余人，缴获各种枪 100 余支。7 月 30 日晚，在红 9 军团的掩护下，红 7 军团从樟湖坂悄悄渡过闽江，迅速占领了闽江北岸要点黄田和谷口，并击溃该地区敌保安师的守备部队，俘获人枪近百，胜利地完成了第一步计划。

部队渡过闽江后，按预定计划应经古田、庆元、遂昌北上浙西、皖南。但是中革军委却突然改变原定计划，命令红 7 军团东进，占领水口，威胁并相机袭取福州，企图调动和吸引更多的国民党军回援。

寻淮洲没作一刻停留，随即指挥红 7 军团主力改向水口、福州方向东进，一部兵力继续北上。驻守水口的国民党军第 87 师 4 个营惧怕被歼，连夜逃窜。红 7 军团主力轻易进占水口，逼近福州；

北上的部队也占领了古田城。

是日，红7军团部在水口镇召开“八一”纪念大会。会上，寻淮洲和乐少华、曾洪易讲了话，对北上行动和攻打福州进行了动员，并向部队正式宣布：红7军团对内称呼不变，对外以“中国工农红军北上抗日先遣队”名义活动。

当天，中革军委颁布命令：为鼓励与发扬在第五次反“围剿”战争中“特别表现英勇坚决而有特殊战绩”的中央红军指战员的英勇事迹，在“八一”中国工农红军纪念日按功绩授予红星奖章。鉴于寻淮洲“领导7军团特别在五次战役归化战斗后有很大转变并获得了伟大胜利，平日一贯工作积极作战英勇”，授予二等红星奖章。

红军突然逼近福州，使国民党当局极为震惊。其东路军总司令蒋鼎文匆忙从漳州飞抵福州，急令驻闽东宁德、福安、霞浦等地的第87师主力回防福州，并派兵至闽江上游堵截红军。同时，急调在湖北整训的第49师由长江航运东进，经上海驰援福州。

8月2日，红7军团从水口绕道大湖向福州

进发。当日黄昏，敌机突然袭击，红 7 军团伤亡达七八十人，曾洪易吓得脸发青，嘴唇颤抖，从此以后，他不是愁眉苦脸，就是大发牢骚，工作状态日益消极。

几天后，寻淮洲率部进抵福州西北郊的岭头、笔架山一带，他顾不上喘息片刻，立即带领军团参谋长粟裕和 3 位师长及侦察科长、作战参谋等人登上福州北岭。他们俯视福州全城，无不大吃一惊，没想到福州城如此之大，就是攻进去了也只能占据一角。而且敌人的飞机场就在眼前，敌机正在频繁起落。对于城内敌人的实力、兵力部署、工事结构等情况，他们更是一无所知。可是，中革军委已经下达了攻打福州的命令，乐少华又机械地执行中革军委的指示。无奈，在毫无取胜把握的情况下，寻淮洲违心地下达了攻打福州的作战命令。

8 月 7 日晚，寻淮洲率部对福州发起攻击，以求在中共地下党组织配合下攻占福州。但是，由于守敌预有准备，加之中共地下党组织力量太弱，未能起到预期的配合作用。红军在缺乏攻坚武器的条件下，猛攻一昼夜，仅占领城郊部分阵地和城北关的主要街道，部队受到较大损失，遂撤出战斗，转移至北石岭、桃源地区。9日晚，敌第87师1个团尾追而来，突入红军警戒阵地。在这危急情况下，乐少华、粟裕亲率红7军团第2师将敌击退至降虎、茶亭、汤岭等地。接着，以第2师由正面，第1师、第3师由侧翼，再次向敌人发起攻击。激战至10日黄昏，与敌形成对峙。当敌援军逼近时，遂主动撤出战斗。

桃源战斗结束后，部队继续向闽东挺进。由于远离根据地，物资供应得不到保障，指战员们常常饿着肚子行军打仗。时值8月，天气酷热，伤病员增至800余人，而部队缺医少药，仅能弄到一些清凉油、仁丹，碘片算是难得的好药了。在这种艰难困苦的条件下，寻淮洲与战士们同甘共苦。当他发现有人情绪低落时，就耐心开导："我们先遣队北上抗日，为的是挽救国家危亡，支援皖南暴动，解放劳苦大众。我们红军战士，十有八九都是贫苦的劳动者。这次北上行动，也是为了我们自身的解放呀！忍饥、受热、吃苦、牺牲，在我们有革命理想的红军战士面前，算得了什么？"更重要的是，他很注重言传身教，处处关心体贴战士们，有时，还帮助炊事班生火做饭，鼓舞了战士们的战斗士气。

红 7 军团按照中革军委命令攻打福州，虽给予敌人一定打击，但自身也遭受很大损失，给尔后的北上行动带来很大困难。红 7 军团自出中央苏区到攻打福州之前，所到之处，敌人不知底细，大多闻风而逃。而福州战斗后，红 7 军团的实力完全暴露。15 日，国民党《福建民报》以《福州严重的一夜，匪分两路袭福州》的大幅标题明确报道。从此，敌人不仅不闻风而逃，而且对红 7 军团实施疯狂的追击和堵截。

转战福建

8 月 11 日，寻淮洲率部撤至陀市，与闽东的党组织和红军取得了联系。闽东党组织和红军、游击队找到中央红军主力之一的红 7 军团，不啻久旱逢甘霖；而红 7 军团在福州、桃源等战斗失利后找到闽东党组织和红军、游击队，犹如鱼儿得水。寻淮洲更是如释重负，他不顾连续行军作战的疲惫，当即接见了中共连罗县委宣传部部长陈元。

第二天，寻淮洲率领红 7 军团挺进罗源。当晚，他与粟裕等人随中共福州市委委员孟平到达罗源城南百丈村，接见了闽东特委军事部长兼独立 2 团团长任铁峰、独立 13 团参谋长杨采衡和连罗县委书记叶如针等同志。寻淮洲向他们了解了两个独立团的人员、装备和开展斗争等情况，继而向他们扼要地介绍了红 7 军团所担负的任务，并向他们提出：立即发动群众，帮助尽快转移和治疗伤病员，帮助解决部队的粮食给养，提供好的向导，协助查明敌第 87 师和第 49 师的动向。要求在福安一带活动的独立 2 团做好准备，负责殿后，随时配合红 7 军团行动。

寻淮洲又询问他们有什么需要红 7 军团帮助解决的问题。独立 13 团参谋长杨采衡说："我们武器、弹药十分缺乏，希望帮助解决一些枪和子弹。"军事部长任铁峰说："我们缺少干部，中央红

军作战经验丰富，能不能给我们一些干部以加强部队的领导；闽东地区海口比较好，能否帮助打通国际通道；红 7 军团与闽东两个独立团和游击队加在一起近万人，是很强大的力量，希望能一起打几个漂亮仗。”

寻淮洲一边听，一边思索。他对闽东同志提出的要求和建议给予了充分的回应与肯定，并就攻打罗源县城征得粟裕、刘英的支持后，回答道：“要武器，打下罗源城就有的是，你们需要多少就拿多少；要干部，红 7 军团留下的伤病员，包括干部、战士，他们可是宝贵的财富，只要好好利用，队伍里就有了坚强的骨干；至于打通国际通道，发展闽东的革命斗争形势问题，确实很有道理，可是红 7 军团无力解决，因为中央给红 7 军团的任务是迅速北上抗日和支援皖南暴动，不可能在闽东停留过长时间。”

会见结束后，大家连夜分头行动。寻淮洲首先将已入睡的曾洪易和乐少华叫醒，就攻打罗源县城，给予闽东同志干部、武器等支持事项征求他们的意见。

“老曾、老乐，又打扰你们啦。有些事急须和你们商量一下。刚才我和老粟、老刘去和闽东的同志谈了，他们很不错，不仅满口答应妥善安置我们的全部伤病员，而且答应给我们殿后和提供向导与粮食给养，护送我们出闽北。但是，现在他们十分缺乏干部和枪支弹药。我想，我们是中央红军，应当给地方的同志以大力支持。我答应把我们的伤病员全部留给他们，治好后归他们使用以解决他们的干部问题。至于枪支弹药，我反复考虑过，我们担负着北上抗日和支援皖南革命斗争、开辟新的根据地的艰巨任务，出发时我们带的枪支弹药就很少，加之福州、北岭、桃源战斗又损失了一些，现在要从我们这里抽出枪支弹药给闽东的同志，可以说根本不可能。但闽东的革命斗争需要我们的支持，而且我们本身也急须补充一些枪支弹药，更重要的是目前我们部队的士气较为低落。为了解决这些问题，我想以突然袭击手段打下罗源县城，这样既可以打击敌人的嚣张气焰，又可以扩大红军的影响力，有力支持闽东地方党组织和红军、游击队的革命斗争，还可以给我们自己补充一部分枪支弹药，改变目前士气低落的状况，可谓一举多得，不知你们二位的意见如何？”

曾洪易悲观动摇，又疲惫不堪，半夜三更被叫了起来，心里虽老大不快，但听说闽东的同志可以护送红 7 军团出闽入浙，心里的气也就消了一半，加之攻打罗源与他无关，也就表示同意了。而乐少华连日行军作战，此时也哈欠连天，又见曾洪易表示同意，他反对也没用，只得顺水推舟。

征得曾、乐二人同意后，寻淮洲赶忙部署行动准备。8 月 14 日凌晨，在寻淮洲的周密部署和指挥下，红 7 军团和罗源独立营、赤卫队，兵分三路对罗源县城发起突然猛攻，激战不到两个小时就得以胜利结束，全歼守敌 1000 多人，缴获步枪 200 余支、轻机枪 3 挺，狠狠地打击了敌人，鼓舞了闽东游击区人民群众的斗争热情，红 7 军团指战员低落的士气重新高涨起来。

当天下午，闽东独立 13 团在杨采衡的率领下，按期接管了罗源县城，寻淮洲将 800 多名伤病员交给他们安置。同时，将全部俘虏一并交给他们，并从缴获的武器中拿出两三百支枪和数挺轻、重机枪及不少弹药交给了独立13团。

8月15日，寻淮洲率领红7军团告别独立13团和当地的党组织、游击队及广大人民群众，继续北上，顺利进入宁德县境。寻淮洲派出小分队佯攻宁德县城和袭击霍童，率军团主力进抵洋中，消灭了洋中乡民团。此时，敌第49师前锋尾追而至，寻淮洲派遣精干小分队设伏于梦龙，毙敌连长两名、副连长两名及士兵多名。

红7军团主力于19日进至赤溪阳谷村一带，与闽东红2团及活动在当地的赤卫队胜利会师，军团领导人一起会见了叶飞、詹如柏、范式人等闽东特委和红2团的负责同志。当天，接到中革军委要求红7军团立即北上福安的电令。在闽东红2团及游击队的积极配合下，红7军团于22日攻克福安县的穆阳镇，消灭敌新编第10师1个营，缴获大批资财，筹得现洋3万余元。

第二天，在闽东特委负责人詹如柏主持下，成立了穆阳苏维埃政府。

詹如柏不好意思地说道："军团长，你们拔掉了穆阳这颗钉子，这对我们的工作是一个莫大的支持，太感谢你们啦！你们不愧是中央红军。您作的‘力量要集中，要有红军主力’的指示，非常符合我们闽东的实际情况，我们决定尽快建立闽东独立师，只是我们目前的武器弹药还少了些，你们能不能再给我们补充一些呢？”

寻淮洲说道：“老詹，你们太客气啦！拔掉穆阳这颗钉子，还不是靠你们的大力协助。你们决定尽快建立闽东独立师，我认为很好。至于武器弹药，我和少华、洪易商量一下，尽量给你们补充一些。”

叶飞听说要给武器弹药，兴奋地说道：“有了武器，我们就可以迅速扩大武装，真是太感谢你们啦！”

寻淮洲接过话：“别这么说。仗是大家打的，武器弹药是我们的‘运输大队长’蒋介石送的。老詹、老叶，说实在话，要说谢，倒是我们要好好谢谢你们，你们给予我们军团很大的支持，我们帮助你们是理所应当的，可惜我们给你们的支持太少了，添的麻烦太多了。现在，我们即将离开闽东，临走前，还有一批伤病员需要请你们帮助安置一下，再一个就是能否为我们补充一些兵员。”

詹如柏立即答应说：“行！军团长，您尽管放心，伤病员留在这里，我们一定尽力妥善安置和治疗，并好好利用他们。关于动员参军的问题，你们需要补充多少人？”

“当然是越多越好啊！一千两千不嫌多嘛。”

“没问题，不过，我们是山区，住得很分散，动员起来可能需要花 10 天时间。”

“10 天时间太长了。这样吧，3 天时间，能动员多少是多少。”

“那好，保证完成任务！”

当天，寻淮洲征得曾洪易和乐少华的同意，从穆阳缴获的武器中抽出 300 多支步枪和 3 挺机枪给了闽东红 2 团。

詹如柏和叶飞当即召集闽东特委紧急会议，研究落实办法，发动福安人民积极安置红 7 军团的伤病员，并向福安全县发出扩军号召。结果，在共青团、妇女会等群众团体的大力配合下，青年农民纷纷报名参加红军，一周内报名应征者竟达4000 人之多，经精心挑选，从中选出 1500 余人，由詹如柏和范式人亲自带往穆阳镇。可是，当他们到达穆阳镇时，红 7 军团早已开拔了。在穆阳交兵未成，他们又带队星夜翻山越岭赶到寿宁，结果仍然未发现寻淮洲所率领的红 7 军团的踪影。无奈之下，只好从这 1500 余人中挑选出一部分充实到闽东红 2 团，其余予以解散。

浙西苦撑

就在詹如柏、叶飞、范式人离开穆阳镇的第二天，寻淮洲接到中革军委要红 7 军团立即北进寿宁、庆元的电令，并且在接到电令的当天，国民党第 49 师先头部队已尾追到穆阳镇对岸，对红 7 军团实施隔岸开火。寻淮洲一边组织密集火力阻击，将敌击溃；一边在穆阳向导的带领下，指挥所部翻越闽浙交界的洞宫山，主力军于 26 日夜进抵浙江庆元县龙溪乡荡口村一带。军团先头部队则像一把不卷刃的钢刀，一路斩关夺隘。

8月28日，红7军团顺利攻克浙江西南部的庆元县城。寻淮洲立即下令部队大力向群众宣传党的抗日救国主张和政策，并发动群众打土豪分浮财，庆元群众兴高采烈。此时庆元已久旱不雨，田地龟裂，庄稼枯黄，老百姓无奈，只得杀猪宰羊请道士设坛求雨，然而一连求了半个多月，不仅滴雨未下，而且日趋骄阳似火。可是，寻淮洲率领红7军团进入庆元县城的第二天，突然天空乌云密布，不一会儿就下起倾盆大雨。庆元群众感激不尽，对红军格外敬重。有的说红军不祭天地不求神灵，一来这里老天爷就下起大雨，他们的本事真大，老天爷都敬他们三分；还有的说这些天家里的灶火烧得特别旺，所以好事不断，真是太灵了。红军来了，国民党军跑了，老天爷又下大雨了，百姓欢天喜地。

红7军团在庆元县城休整了一天便奉命起程，8月30日下午主力军抵达竹口，与浙江省保安纵队第2团、第4团各一部遭遇。寻淮洲及时将部队展开，构成一个“凹”形口袋，占领制高点，控制了正面通道，继而集中力量打掉敌人的指挥机关，乘势发起总攻。这一仗，打死打伤的敌人不算，仅俘虏就达 200 多人，缴获迫击炮 3 门、机枪 10 余挺、长短枪 100 余支。红 7 军团进入浙江首战告捷，声威大振。

9 月 1 日，红 7 军团由竹口出发，经龙泉县的小梅镇、查田，进抵八都。随后西进，翻越高山密林，进入福建浦城之党溪，3 日到达闽北苏区。尾追红 7 军团之敌第 49 师慑于红军声威，遂停止在渔梁一带，未敢冒进闽北苏区。

闽北苏区，以崇安为中心，是闽浙赣苏区的一部分。这一带山高水险，又有根据地作依托，对红 7 军团开展游击战、运动战极为有利，如能在此得到较好的休整和补充，既可乘敌不备打击或歼灭第 49 师，还可广泛发动群众，将闽北、闽东等根据地连成一片，然后向赣东北、浙西和皖南发展。

于是，寻淮洲找曾洪易、乐少华召开军政委员会研究，不想过程却是针尖对麦芒，经过一番争吵，会上没能达成统一意见。会后，曾洪易仗着随军中央代表的身份，加上又在闽浙赣省任过中央代表兼省委书记，便发电报给中革军委，要求同意红7军团进入闽浙赣苏区进行休整，并直接拍电报给闽浙赣军区负责同志，要他们立即派部队前往古楼游击区迎接。乐少华也直接发电报给中革军委，反对红7军团休整补充，主张立即北上，并打寻淮洲的小报告。寻淮洲亦拍电报给博古、李德控制的中革军委，将自己的意见如实地作了汇报。然而，中革军委当即回电，对曾洪易的主张予以严厉批驳；对乐少华的行为予以支持和表扬；对寻淮洲的主张予以批评，指出："拟于闽北边区休息，这恰合敌人的企图，因敌人企图阻止你们北进。"

部队在闽北古楼游击区休整几天后，寻淮洲将俘虏和伤病员交给当地党组织和群众，便心情沉重地奉命率部北进。曾洪易目的没有达到，加上又遭到中革军委的批驳，更加消极悲观，便要求离开红7军团。乐少华受到中革军委的赞赏，愈加专横跋扈，极力干扰寻淮洲的军事指挥。部队一路转战得不到休整补充，既伤亡严重，又疲惫不堪。

面对这一切，寻淮洲愤怒、忧虑，但他仍然顽强地带领部队按照中革军委的命令艰难北进。此时，中央规定红7军团到达皖南的期限已过，按理红7军团应向皖南疾进，但中革军委却电令红7军团挺进浙西并执行两项“中心任务”：一是继续彻底地破坏进攻我红10军及闽北苏区敌人的后方；二是在闽浙赣皖边境创造广泛的游击运动及苏区根据地。

9月9日，红7军团遵照中革军委的命令，由古楼地区出发，沿闽浙赣边境北上，向浙西挺进。经浦城的五显殿穿过江山—浦城公路，经浦城的王村，进入浙江江山县境，随之经二十八都、仙霞岭、石门，到达周村、黄倚一带。9月13日，出敌不意地袭占清湖镇，歼灭国民党浙江保安团1个营，接着渡过江山港。寻淮洲率领红7军团的广大指战员尽了最大的努力，却未能完成中革军委赋予的任务，多次受到中革军委的批评指责。

寻淮洲身为军团长，时刻牢记自己是一名共产党员、一名军团长，他一面耐心地向中革军委实事求是地反映情况，一面细心地劝慰下属，并遵照中革军委的指示率部继续向前开进。

9月14日，寻淮洲奉命率部前往江山、衢县间，执行破路、炸桥任务未果。次日，又率部破坏了杭头铁路和铁路桥，进抵江（山）常（山）公路的大陈地区，打垮国民党浙江保安第3团、第4团、第6团各一部共7个连的进攻，进至常山芳村、芙蓉一带。17日，中革军委电令："红7军团在未执行已赋予的破坏杭江铁路及附近公路的任务前，禁止继续北进。"次日，中革军委却电令"即向遂安前进，以袭击方法占领该城，并确保于我军手中"，而且还规定以遂安为中心，于安徽边境的淳安、寿昌、衢县、开化等地区开展游击战争，建立苏区，而后再向浙皖边境的歙县、建德、兰溪、屯溪地域发展。

寻淮洲在军团干部会议上，再一次指出中革军委的这个指示是完全脱离实情的。他具体分析了遂安地区的政治条件和自然条件，认为它位于新安江上游，距杭州200公里，虽属山区，但地处衢江、兰江、新安江的三角地带，江水深，轮船能通建德、兰溪，且有公路干线与横贯东南境地的浙赣铁路相连，显然地形不利我军机动作战；加之地瘠民贫，又没有群众基础，部队给养补充困难；特别是我军面临严重的敌情：敌第 49 师，浙江保安第 1 纵队、第 2 纵队和补充第 1 旅王耀武部，加紧对我军围追堵截，企图断我军去路，合击我军。面对这种情况，部队要在此立足是困难的。最后，寻淮洲恳切地说：“我军的处境已经十分危险，为了避免全军覆没，我宁愿接受中革军委的处分，也不能再执行这个指示了，应立即向皖赣边转移。”

红 7 军团为避免更大的损失和寻求新的发展，决定放弃袭取遂安和在遂安一带建立根据地的计划，迅速摆脱敌人，改向皖赣边前进，并将在皖赣边发展的有利条件报告了中共中央和中革军委。9 月 22 日，寻淮洲率领红 7 军团由上方镇地区出发，转向皖南和皖赣边行动。

无奈中的坚持

寻淮洲率部突然转向皖南和皖赣边的行动，大出国民党浙江保安处处长俞济时的意料，其连日来费尽心机编织的罗网毫无作用，慌忙下令第49师兵分两路追击，并频繁出动飞机侦察轰炸，同时电告驻皖南屯溪的国民党第15军军长刘茂恩加强戒备。

9月23日，是农历八月十五，我国传统的中秋佳节、阖家团圆的好日子。俗话说得好：每逢佳节倍思亲。在这个传统节日里，红7军团的几千名指战员谁不思念自己的父母妻儿，谁不盼望与家人团聚？作为军团长的寻淮洲，亦有常人的情感，他岂不想念自己的亲人？自投笔从戎以来，寻淮洲离开家乡、离别自己的父母和妻子7年有余，在这7年多的时间里，由于交通不便和频繁转战，加上国民党的严密封锁，寻淮洲从未得到过家人的片言只字，此时，他多么地思念自己的父母和妻子啊！可是，眼下斗争如此残酷、复杂，天上有国民党的飞机侦察轰炸，地上有国民党的大批正规军、保安团围追堵截，内部又有人干扰。别说与家人团聚，能给战士们打个牙祭、能正常指挥作战也就心满意足了。天刚蒙蒙亮，寻淮洲率领红7军团离开鲁村、塔底，翻越送驾岭，进抵连岭脚一带。

寻淮洲和粟裕刚刚坐下，通信员小高就跑来报告："报告军团长，后卫营李营长来了。""快叫李营长进来。"寻淮洲吩咐道。

"是。"通信员小高应声出去不一会儿，后卫营李营长就进来了。

李营长进来，见军团长和参谋长都在，敬个军礼，立即报告说："军团长、参谋长，敌第 49 师追得很紧，他们一路已经到达双源的板桥、七里境一带，看样子今晚会占领送驾岭左侧的山头；另一路已进到鲁村和送驾岭脚一带，刚才我们在送驾岭脚和他们的尖兵排交上火，还打死他们两个人呢！现在，他们已经退到姚家，估计今晚会占领送驾岭右侧的山头。军团长、参谋长，他们追得这么紧，对我们军团行动威胁太大，我们想今晚出击，狠狠地敲他们一下，给他们点厉害，您看行不行？"

寻淮洲思索片刻后说道："敲他们一下，可以。不过，你打算怎么个敲法？"

"现在敌人人困马乏，我们今晚后半夜集中全营兵力分两路杀他个回马枪，打他个措手不及。不过，得请军团长给我们调几挺机枪加强一下火力，这样，完全可以狠狠地教训教训第 49 师，看他们以后还敢这么紧紧地跟着不？”李营长兴致勃勃地说道。

“不、不、不，你的回马枪还是留着以后再杀。老李，这几天你们太辛苦了，今晚是中秋佳节之夜，好好地休息一下吧！你刚才不是说敌人兵分两路，一路在左、一路在右想夹击我们吗，那好，我们就来个将计就计，先下手为强。参谋长，我觉得派一个得力的侦察班敲他们一下……”

“军团长，一个班不行啊！第 49 师在送驾岭足有一个团的兵力，我们去一个班兵力太悬殊了。”李营长急促地说。

“够了，够了。”寻淮洲胸有成竹地微笑着说道，接着将自己的想法如此这般地道了出来，粟裕听后也非常赞同，李营长更是眉开眼笑、茅塞顿开。

根据寻淮洲的吩咐，粟裕从军团直属侦察连中挑选出 12 名侦察员组成 1 个侦察班，除了配备手枪、步枪外，还配备有两挺机枪。这 12 名侦察员，个个精明能干，都是武艺精湛、能征善战的勇士，他们得令后，迅速返回送驾岭上的一个亭子里，将一面红旗展开插在亭子后面的半山腰，然后退回亭子前隐蔽起来。等了约半小时，退到姚家的敌第 49 师一部返回爬上送驾岭斜对面右侧的一座山上，见送驾岭半山腰插有红旗，以为红军大部队在山上，便不管三七二十一，步枪、机枪一齐射击。潜伏在送驾岭亭子前的 12 名侦察员见状，即以两挺机枪居高临下对准敌人猛烈扫射，正在爬山的敌人猝不及防，一排接一排倒了下去。

这时，天色渐暗，夜幕徐徐降临，尽管是中秋佳节之夜，皓月当空，皎洁如洗，然而，群峰连绵、草木丛生的山地仍然显得黑乎乎的。此时，双源方向的敌第 49 师另一部企图赶到送驾岭前头，他们从双源的板桥、七里境对面爬山，占领了送驾岭左侧的山头，他们朦朦胧胧地看到对面山上朝自己这边射击，误以为红军占领着对面的山头，于是不分青红皂白，架起所有的轻重机枪扫射起来。在送驾岭右侧爬山的敌人一看自己对面山上火力如此猛烈，以为红军增加了兵力，便打得更起劲了。红

7 军团的侦察员见敌人自己已接上了火，即利用地形和天黑的有利条件，沿送驾岭右侧的大山沟朝五洲远方向撤回。

“报告军团长，我们回来啦！”带队的侦察连连长满脸堆笑向寻淮洲报告。

“你们辛苦啦，看你这神情，我想任务一定完成得不错，没有伤着的吧？”寻淮洲亲切地说。

“报告军团长，我们 12 个人全部安全回来了，一个也没伤着。我们按照您的指示进入阵地不到半小时，敌人就来了，他们果然中了我们的圈套，现在他们正互相干得来劲呢！”侦察连连长说道。

“过中秋节，他们大老远地跑来‘护送’我们，在这山沟里，我们又没有什么‘慰劳’他们的，鞭炮也没得放。他们人多、弹药多，不打打枪热闹热闹，那岂不是太冷清了吗？”寻淮洲风趣幽默地说罢，两人相对开怀大笑起来。

此时，送驾岭上的枪声一阵紧似一阵，国民党第 49 师的两股先头部队正在大打出手，双方都以为对方是自己要消灭的红军，都想邀功领赏，结果你打我、我打你，一直打到第二天拂晓，方才察觉不对，吹号一联络，原来大水冲了龙王庙，自家打自家，双方怨恨不已。可是，怨恨有啥用，打了一夜，双方累得精疲力竭，不仅未动得红军一根毫毛，而且消耗了大量弹药，还伤亡了100余人，被打死的就有80多人。

9月24日，寻淮洲率领红7军团翻越60里连岭，进入安徽南部的歙县石门、狮子石等地。国民党安徽省主席刘镇华立即下令刘茂恩以1个旅前往拦截。次日，红7军团与敌在石门遭遇，寻淮洲率部勇猛拼杀，经两个小时激战，将敌击溃，毙伤俘敌300余人，另俘壮丁队200余人，缴获不少枪支弹药。

石门战斗后，寻淮洲获悉国民党在皖南的驻军情况，便率部翻越白际山，于30日进抵皖赣边的婺源县以北的段莘地区。途中，巧遇中共皖赣特委和当地游击队的负责同志，获悉皖南几县的暴动早已失败，有些干部和群众分散活动在山里继续坚持革命斗争。于是，寻淮洲根据他们的建议，率领红7军团继续西进至皖赣边的黎痕地区。一路上，寻淮洲率部多次击退追击和堵截之敌，缴获不少武器弹药，皖赣苏区也给红 7 军团补充了 500 名新战士。

转移途中，寻淮洲请求中共中央和中革军委，同意红 7 军团去皖赣地区开展游击战争。到达皖赣苏区后，寻淮洲再次向中革军委建议：红 7 军团留在皖赣地区，与当地党组织和游击队密切配合，争取在休宁、婺源、祁门一带消灭尾追之敌，扩大皖赣苏区，寻机入浙行动；为便于机动作战，将部队整编为 4 个营，精简机关，充实连队；在敌人严重进攻的情况下，允许军团机动、自主地解决一些问题。这些建议，符合红 7 军团面临的实际情况，但不符合仍被博古、李德把持的临时中央和中革军委的心思，加上乐少华三番五次地向中革军委打寻淮洲的小报告，于是中革军委不仅对寻淮洲的正确建议不予批准，而且接二连三地对其进行指责，并于 10 月 15 日电令红 7 军团转移到闽浙赣苏区整顿补充。

去闽浙赣苏区，曾洪易求之不得，乐少华更是坚决执行，寻淮洲却忧深思远：皖赣边确有发展条件，而进出闽浙赣苏区，要通过敌重兵封锁线，部队要承受不少不必要的牺牲。寻淮洲思虑再三，又经与参谋长粟裕、政治部主任刘英和几位师长、师政治委员商量，于 17 日给中革军委去电恳求：如红 7 军团今后仍北上皖南，则不如不去闽浙赣苏区，而以主力向以雷湖、柯村为中心的皖南游击区行动。次日，中革军委复电同意，寻淮洲和粟裕、刘英等十分欣慰。

可是，曾洪易、乐少华却联合去电坚决要求中革军委将红 7 军团转移到闽浙赣苏区整顿。于是，10 月 21 日中革军委电令："红 7 军团立即前往闽浙赣苏区整顿补充。"寻淮洲无奈，遵命率领红 7 军团通过两道敌重兵封锁线，强行进入闽浙赣苏区的重溪地区。

闽浙赣苏区，是方志敏、邵式平等创建的著名的老苏区，但在中央的"左"倾错误指导和敌人的疯狂进攻下，正在日益缩小，斗争日益艰难。

在重溪，寻淮洲耳闻目睹了中央的"左"倾错误领导给闽浙赣苏区造成的巨大灾难，也获悉了中央红军主力已经撤离中央苏区南下转移，中央苏区新成立了以项英为首的中央分局和中央军区，整个革命斗争的形势正日趋严峻。

至此，寻淮洲率领红7军团自瑞金出发已历时3个多月，转战了闽、浙、赣、皖四省的几十个县镇，行程1600多公里，在国民党统治的腹心地区连续击退了国民党军队无数次的围追堵截，打了不少胜仗。同时，他们还沿途积极地开展群众工作，宣传党的抗日救亡主张，不仅散发、张贴了中共中央印发的大量宣传品，而且刷写了大量的标语，还以召开群众大会、演戏、访贫问苦等形式积极宣传党和红军的政策，扩大了中国共产党和红军的影响力，揭露了国民党卖国投敌的反动本质。红7军团还给沿途各游击区留下了1000多名军事骨干，有力地支援了游击区的革命斗争，并在一定程度上牵制了敌人的兵力，支援了中央红军主力的战略转移。红7军团到达闽浙赣苏区时仍然保持有3000多人，他们用鲜血写下的这段战斗历史，已成为红军斗争史中英勇悲壮的一页。

11月4日，中革军委决定红7军团与红10军合编为红10军团，红7军团改编为第19师，红10军改编为第20师，闽浙赣苏区地方武装编成第21师。刘畴西任军团长兼第20师师长，乐少华任军团政治委员兼第20师政治委员；寻淮洲任第19师师长，聂洪钧任第19师政治委员，王如痴任第19师参谋长，刘英任第19师政治部主任（后改任红10军团政治部主任）。中革军委规定红10军团的任务：第19师于整编后应仍出动于浙皖赣边新苏区，担任打击追剿敌人与发展新苏区的任务；第20师则仍留在老苏区执行打击“围剿”敌人与保卫苏区的任务。中革军委决定：闽浙赣省苏维埃主席方志敏兼任闽浙赣军区司令员，曾洪易任中共闽浙赣省委书记兼军区政治委员，粟裕任军区参谋长（后改任红10军团参谋长）；中共闽浙赣省委、省军区和红10军团统受中央分局和中央军区的直接领导与指挥。

壮志未酬

11月18日，寻淮洲率红19师按整编后规定的任务，从怀玉山和德兴县东北通过敌人的封锁线，向浙皖赣边进发。红 19 师的突然出动，出乎敌人意料。敌浙江保安纵队副指挥蒋志英率 2 个团尾追而来。寻淮洲充分发挥我军擅打运动战的特长，在芳村地区部署兵力，给予尾追之敌以坚决的打击。敌军大败，蒋志英负伤逃回常山县城。

接着，寻淮洲又指挥红 19 师经上方镇，突破敌补充第 5 旅的防线，强渡新安江，于 29 日进至分水县（今浙江桐庐县武盛镇）境。他计划迅速攻克分水，然后佯攻杭州，以声东击西战术牵制敌人兵力，乘机越过杭徽公路，进军徽州，威逼芜湖，震慑国民党的统治中心南京。可是在离分水县城不远处却遭遇蒋介石嫡系部队王耀武补充第 1 旅的 3 个团共六七千人的堵截。

根据突变的敌情，寻淮洲研究放弃攻打分水县城的计划。可是王耀武却邀功心切，紧追不放。为了打击敌人的嚣张气焰，寻淮洲将所部兵力分三路，一路占据制高点牵制敌人；一路从敌正面发起强攻吸引敌人的火力；一路悄悄绕到敌侧背趁敌不备发动猛攻，接着趁黑夜组织部队乘胜全线出击。

经一昼两夜激战，在寻淮洲的灵活指挥下，红19师指战员以顽强的革命精神和英勇气概，以少胜多，以简陋装备打败了装备精良的敌人，以伤亡30余人的代价，换取了毙伤王耀武部官兵200余人，缴获轻机枪2挺、步枪100余支及大量弹药的巨大胜利，打得王耀武部闻风丧胆，远远避之。从此，红19师摆脱了尾追之敌，行动得以自由。

寻淮洲解除了后顾之忧，即率部东进，逼近昌化，其先头部队到达杭州西部50公里的临安县，震动了杭州。随后，寻淮洲率部转向皖南，经过歙县、绩溪附近，于12月6日一举攻克旌德县城，再由泾县、宣城之间北上，渡过表弋江，直逼芜湖。

对于寻淮洲率领红19师这一时期的行动，粟裕后来在他的回忆录中明确指出："这一时期，寻淮洲同志率领19师独立行动，摆脱了曾、乐的干扰，从当面实际情况出发，在广大地区内机动作战，主动灵活地打击敌人，表现出了卓越的军事指挥才能。"

正当寻淮洲率领红19师开展游击性运动战取得成效的时候，以项英为首的中央军区针对敌人对闽浙赣苏区的“围剿”日益严重的情况，命令红10军团指挥部立即率红20师、红21师向北转到外线，同寻淮洲率领的红19师会合，在开化、遂安、衢县、常山之间集结兵力，争取以运动战消灭敌人，建立浙皖赣新苏区。为了统一领导，中央军区决定以方志敏、刘畴西、乐少华、聂洪钧和刘英5人组成军政委员会，方志敏为主席，随红10军团行动；又调粟裕任军团参谋长，刘英任军团政治部主任。11月24日，方志敏、刘畴西、乐少华等奉命北上皖南。

同时，军团部电令寻淮洲率领红19师立即回师黄山附近与军团部和红20师、红21师会合。

军令如山。寻淮洲接到电令，立即按照军团部的指示，率部取道茂林、铜山等地，于12月10日抵达太平县的汤口地区，与军团部和红20师、红21师会合。

红10军团会师汤口的消息很快传到南昌行营，坐镇南昌的蒋介石兴奋得手舞足蹈，他当即电令北路“剿匪”总指挥顾祝同、赣闽粤湘桂五省“剿匪”预备军总司令陈调元、赣东北“剿匪”总指挥赵观涛、浙江保安处处长俞济时、安徽省主席兼保安司令刘镇华等通力合作，迅速“剿灭”方志敏、寻淮洲等“悍匪”，奋勇作战获战绩者赏；行动迟缓、畏缩不前者以贻误战机定罪；临阵脱逃者，杀无赦。

顾祝同、陈调元等岂敢怠慢，急忙调集 20 余万兵力对付闽浙赣苏区和红 10 军团，按“驻剿”、堵截、“追剿”的部署展开。“驻剿”部队主要对付闽浙赣苏区，而堵截、“追剿”部队的重点是对付红 10 军团。堵截部队在皖南和浙西有 1 个军及两个保安纵队。“追剿”部队有 5 个师又两个独立旅，外加 4 个浙、皖保安团，分左、中、右三路自北而南向红 10 军团扑来。

12 月 13 日，红 10 军团离开汤口向北转移，进至黄山东麓的谭家桥地区。浙江保安处处长俞济时即指挥敌中路前卫部队尾追至汤口。

这时红 10 军团共有 1 万余人，但不及敌 1 个师的兵力，而且武器装备低劣，弹药缺乏，又脱离根据地，要迎击敌人非常困难，但又不能不给敌人以打击。于是，军团部决定以皖南独立师和游击队迷惑、牵制敌之左右两翼，红 10 军团全力攻击敌最突出的中路前卫部队补充第 1 旅。

12 月 14 日凌晨，军团长刘畴西指挥部队进入乌泥关至谭家桥段公路两侧设下埋伏，令红 20 师、红 21 师于右侧，担任正面攻击；寻淮洲率领的红 19 师在左侧，除以 1 个连的兵力控制乌泥关制高点外，该师主力部署在乌泥关以南，与红 20 师、红 21 师阵地依次衔接，待正面打响后，或截敌归路，或防敌向太平方向溃逃。照此部署，红 19 师没有被放在主攻的位置上。对此，方志敏、粟裕、刘英等持有异议，认为红 19 师擅长运动战，野战经验丰富，战斗作风顽强；而红 20 师、红 21 师组建才一年多，虽然在反“围剿”战争中浴血奋战，但都是在苏区内作战，缺乏野战经验，军团主攻任务应由红 19 师担任。这一正确的意见没有得到采纳。

寻淮洲为了整个战役的胜利，也不顾一切地一再恳求方志敏、刘畴西和乐少华等将红 19 师摆在正面，担负主攻任务。然而，刘畴西和乐少华却固执己见。由于战斗迫在眉睫，寻淮洲只得指挥红 19 师按照刘畴西、乐少华的部署实施。

当日清晨 6 时，王耀武指挥所部补充旅从汤口出发，向谭家桥开进，俞济时亲率保安团 1 个加强营紧随其后，负责监督。

上午 9 时许，敌前卫补充旅进至乌泥关，仅在公路上作行进间射击，进行火力侦察。后续部队见前卫部队平安无事，竟在红 10 军团的伏击圈内作行进间休息。

忽然，“砰”的一声枪响，紧接着又是“砰砰”两声枪响，不知是红 20 师还是红 21 师有人过于激动紧张，枪走火了。这下立即引起敌人的警觉，并抢占了沿公路的高地。刘畴西只得提前下令部队发起攻击。这一突如其来的攻击，立即使敌人陷入一片混乱。

可是不一会儿，战场局势大变，惊慌失措的敌人利用优势装备和已抢占的公路两边的阵地拼死抵抗，甚至集中炮火和兵力夺取了乌泥关制高点。这样，敌人反而居高临下，发起攻击的红 20 师、

红 21 师成了仰攻，整个局势由主动变为被动。

刘畴西当即组织红 20 师、红 21 师连续发起 4 次强攻，却毫不奏效。刘畴西无奈，想到了红 19 师，他用电话命令寻淮洲立即率领红 19 师出击。可是，红 19 师主力被刘畴西、乐少华置于陡峭的峡谷之中，要立即冲出投入战斗根本不可能。待寻淮洲指挥部队以最快速度冲出峡谷之时。红 20 师、红 21 师阵地已被敌人冲垮，乌泥关及其制高点也有近 1 个团的敌人死死据守。

乌泥关制高点事关此次战斗的成败，事关军团的存亡。红 19 师的当务之急，就是要不惜一切代价夺取乌泥关制高点，然后向纵深发展。当下，寻淮洲调集全师所有的轻重机枪和几十名特等步枪射手组成密集的火网，压制制高点上敌人的火力，而后他亲率红 19 师的指战员猛打猛冲，一举夺下了乌泥关制高点。

激战中，寻淮洲不幸被一颗炮弹击中，腹部受伤，血流如注，昏倒在地，鲜血染红了他的衣裤，连肠子也流了出来。此时，战斗仍在激烈进行，制高点阵地上枪弹纷飞，更无医疗器械和药品，战士们只好用较为干净的内衣布把流出的肠子轻轻擦净，然后塞回腹内并作了简单包扎。阵地上没有担架，战士们又七手八脚地找来一些树枝扎成一个简易担架，准备将寻淮洲抬下高地。忽然，寻淮洲苏醒过来，他微微睁开双眼，断断续续地要求指战员不要管他，要守住阵地，夺回乌泥关。战士们含着热泪，冒着弹雨将寻淮洲小心翼翼地从制高点阵地上抬了下去。

俞济时和王耀武见乌泥关制高点被红军抢占，连忙调集兵力凭借优势装备拼死反扑，并集中迫击炮、轻重机枪疯狂轰击，直打得乌泥关高地硝烟弥漫。在高地上的红 19 师指战员高呼着“为寻师长报仇”的口号，顽强坚守阵地。终因寡不敌众，再度被敌抢占制高点。

夜幕降临，红 10 军团主要阵地大部丧失，弹药极其缺乏，人员伤亡严重，尤其是指挥员伤亡甚多，仅师以上指挥员伤亡的有：红 21 师师长胡天桃阵亡，军团政治委员乐少华、军团政治部主任刘英和红 19 师师长寻淮洲及红 21 师政治委员等均身负重伤。团、营、连三级指挥员的伤亡更大。而敌人各路援兵已蜂拥而至，红 10 军团的处境极其险恶。

“这仗不能再打下去了，再打后果将不堪设想。”

“趁天黑赶快撤吧，不然晚了就来不及啦！”

……

方志敏、粟裕等纷纷向刘畴西建议和恳求着。

“这打的是什么窝囊仗？伏击、伏击，反被敌人所击，真是天大的笑话。”

“军团长今天是不是鬼迷心窍了？我们从来没有打过这样大规模的野战，却要我们担任主攻，擅长打运动战的红 19 师又被硬塞到山峡里去。真是胡来。”

战士们议论纷纷，甚至发起牢骚来了。

刘畴西率三师之众，竟输给寻淮洲所率领的红 19 师曾经的手下败将，一个好端端的伏击战落得这样一个损失惨重的局面，心里很不是滋味，只好接受方志敏、粟裕等人的建议和恳求，下令部队立即向北撤退。当晚，红 10 军团全部撤离谭家桥地区，向泾县茂林一带转移。

寻淮洲身负重伤，被战士们从制高点阵地上抬下来后，医务人员对他的伤口进行了简单的消毒处理和包扎，他昏迷着躺在战士们制作的临时担架上，由战士们轮流抬着他转移。一路上，尽管得到战士们和医务人员的精心照料，但山路崎岖，部队日夜兼程转移，担架颠簸得厉害，寻淮洲的伤口不时撕裂，流血甚多。有好几次，他苏醒过来，见战士们抬得实在辛苦，便咬紧牙关，翻身从担架上下来，可是没走几步，又昏倒在地。

对于寻淮洲的伤势，方志敏、粟裕和刘畴西等都非常关心，他们一再嘱咐医务人员全力抢救和精心护理，指示照料的战士们千方百计保护寻淮洲的安全。

方志敏、粟裕等每次见到寻淮洲，心里总是阵阵发酸。自谭家桥战斗失利后，部队遭到数倍敌人的围追堵截，正在日夜兼程转移，医疗器械和药品极少，连稀粥、白开水都难以喝上。他们只能对寻淮洲安慰一番，劝他好好休息，以求早日伤愈，重返指挥岗位。

然而，在极端艰苦的情况下，医务人员虽然

尽了最大的努力，最终也无济于事。12 月 16 日，当部队转移到泾县茂林福官墩时，寻淮洲因流血过多，心脏停止了跳动，年仅 22 岁。

寻淮洲牺牲的消息传出后，红 19 师的指战员失声痛哭。可是，部队刚刚进到茂林，王耀武补充旅就追来了。寻淮洲的遗体尚未安葬，方志敏、粟裕、刘畴西等痛苦地与寻淮洲遗体告别，将安葬遗体的任务交给当地游击队和人民群众，即匆忙指挥红 10 军团阻击敌人和继续向北转移。

当地游击队和人民群众对寻淮洲的事迹早有所闻，对他十分敬佩，对他的牺牲亦极其悲痛！他们按照方志敏、刘畴西、粟裕等领导同志的指示，含着热泪将寻淮洲的遗体安葬于附近雄伟陡峭的蚂蚁山上。

寻淮洲的遗体刚刚安葬完毕，俞济时已督令王耀武率领补充旅进驻茂林。他们获悉寻淮洲已经牺牲并安葬在茂林，当即将情况上报南昌行营，得到蒋介石的电令嘉奖和 5000 元奖赏。为了宣传他们的“战绩”，得到蒋介石更多的奖赏，俞济时又督令王耀武派人搜山。王耀武心领神会，立即派遣亲信副官带领 1 个步兵连找到寻淮洲安息的地方，掘开坟墓，将寻淮洲的遗体挖出拍照。令人发指的是，他们兽性大发，又残忍地将寻淮洲的头颅砍下，装入石灰桶内，并将遗骸抛于荒野。俞济时、王耀武等将这些情况电告南昌行营，蒋介石十分欣赏，又电令给予王耀武旅嘉奖和 5000 元奖赏。

当地游击队和人民群众目睹王耀武补充旅的暴行，极为愤慨，他们不忍烈士暴骸荒野，冒着生命危险，将寻淮洲的遗骸重新安葬于蚂蚁山的隐蔽处。

寻淮洲牺牲了，但敌人并未就此罢休，继续对红 10 军团穷追不舍。1935 年 1 月，红 10 军团惨遭数倍敌人的分割包围，仅粟裕、乐少华、刘英等率领 800 余人突出重围，方志敏、刘畴西等被俘，同年 8 月 6 日在南昌英勇就义，其余战士大多壮烈牺牲。

1935 年 1 月，中共中央在长征途中于贵州遵义召开政治局扩大会议，结束了王明“左”倾错误在党中央的统治，事实上确立了毛泽东在党中央和红军的领导地位。突围出去的红 10 军团余部 800

余人，遵照新的党中央的指示，组建了中国工农红军挺进师，粟裕任师长，刘英任政治委员，于浙、闽一带坚持游击战争，后又奉命改编入新四军第2支队，重新北上，与凶残的日寇进行殊死作战。

06 尾　声

寻淮洲是中国工农红军的优秀青年军事指挥员，他为中国人民的解放事业立下了卓著功绩。他像一颗耀眼的流星，他的丰功伟绩已载入中国革命史册，光照后人，永不泯灭。

1935 年，方志敏在国民党南昌行营的囚室内撰写《我从事革命斗争的略述》的遗著，其中记述道："19 师师长寻淮洲同志，因伤重牺牲了！他是红军中一个很好的指挥员，他指挥 7 军团，在两年之间，打了许多有名的胜仗，缴获敌枪 6000 余支，轻重机枪 300 余架，并缴到大炮几十门。他还只有 22 岁，很细心学习军事学，曾负伤 5 次，这次打仗伤了小肚，又因担架颠簸牺牲了，当然是红军中的一个重大的损失！"

1938 年 5 月 14 日，新四军第 1 支队司令员陈毅率部开辟敌后抗日根据地途经茂林，亲自前往蚂蚁山为寻淮洲祭扫陵墓。在寻淮洲的墓前，陈毅久久肃立，并向在场的指战员和群众激动地说道："青山有幸埋忠骨。寻淮洲同志是红军青年将校，以游击战斗著称，毕生为革命利益、民族利益，英勇奋斗，光荣牺牲。我们要完成其遗志，以东线胜利、驱逐日寇，回答先烈、庶几无悔……"陈毅边说边瞻仰寻淮洲同志的陵墓，他见陵墓四周苍松翠柏郁郁葱葱，但墓前没有碑，为了纪念寻淮洲同志，他当即决定，在离开茂林之前，一定要为寻淮洲立个墓碑。当天晚上，陈毅亲自起草碑文，并与政治部主任刘炎专程找到当地著名石匠杨同发，请杨石匠精心挑选了一块高 1 米、宽 0.7 米，光洁平整的大碑石，将碑文连夜镌刻在碑石上，碑上刻有"寻淮洲同志之墓"几个大字和"寻淮洲同志略历"。

第二天清晨，陈毅率领新四军第 1 支队全体指战员全副戎装，在悲壮的军乐声中缓步开入蚂蚁山，为寻淮洲烈士修治墓道，并举行隆重的立碑仪式，然后离开茂林，奔赴抗日前线。

新中国成立后，中国共产党和人民政府更忘不了寻淮洲同志。为了缅怀寻淮洲烈士的卓著功绩，教育子孙后代，泾县人民政府曾拨专款为寻淮洲烈士修建陵墓，将其忠骨由茂林蚂蚁山隐蔽处迁出，重新安葬于茂林古溪河畔风景秀丽的奎山山腰；后又将其忠骨安葬在魁山革命烈士陵园中。

2009 年，为庆祝中华人民共和国成立 60 周年，中宣部等 11 个部门联合组织开展评选“100 位为新中国成立作出突出贡献的英雄模范人物和 100 位新中国成立以来感动中国人物”活动，寻淮洲入选“100 位为新中国成立作出突出贡献的英雄模范人物”。

2011 年，湖南省政府将寻淮洲烈士故居列为省级文物保护单位。

2012 年，寻淮洲故居按原貌进行了修缮，并开辟寻淮洲烈士生平事迹陈列室。

英雄从未远去，英雄一直与我们同在。

后　记

寻淮洲的一生虽然短暂，却在中国革命的历史上留下了难以磨灭的璀璨印记。他是中国工农红军的优秀青年军事指挥员，是我军历史上产生过重要影响的军事人物，为中国人民的解放事业作出了重要贡献。

硝烟散去，英雄已逝。但中国人民永远不会忘记为中华民族解放事业作出贡献的英雄们，永远不会忘记为今日和平浴血奋战、以身殉国的烈士们。中华民族是英雄辈出的民族，新时代是成就英雄的时代。让我们自觉传承弘扬爱国主义和革命英雄主义精神，培养爱国之情，砥砺强国之志，实践报国之行，崇尚英雄、学习英雄、关爱英雄，大力弘扬英雄精神，汇聚实现中华民族伟大复兴的磅礴力量，在建设中国特色社会主义的伟大实践中书写人生的华彩乐章。

本书在充分吸收借鉴前人研究成果的基础上，结合中国革命发展历史，从寻淮洲波澜壮阔的人生历程中，选取最具代表性的英雄事迹和最能感动人鼓舞人的英雄故事，在充分尊重史实的前提下，编写成这本故事汇，力求把人物融入历史，把精神贯入故事，把故事汇入时代，让读者更好地走近英雄、感知英雄，在重温那段血雨腥风的岁月中，体悟英雄在革命战争年代的那种坚定信仰和伟大精神。在编写过程中，得到军事科学院军队政治工作研究院领导、机关的大力支持，李平、李博、徐占权、岳思平、康月田、王建强等多位军史专家进行了审读，提出了宝贵的意见。

主要参考的书籍和资料有：《中国工农红军第一方面军史》（中国工农红军第一方面军史编审委员会著／解放军出版社），《100位为新中国成立作出突出贡献的英雄模范人物：寻淮洲》（朱永来编著／吉林文史出版社），《寻淮洲将军传》（朱永来著／解放军出版社），《中共党史人物传·第16卷》（中国人民大学出版社），《中国人民解放军军史》

(《中国人民解放军军史》编写组编/军事科学出版社),《毛泽东年谱》(中共中央文献研究室编/中央文献出版社),《粟裕回忆录》(粟裕著/解放军出版社)等。

在此，谨向关心和帮助过本书编写的各位领导、专家学者，以及上述书目作者、编辑致以最诚挚的谢意！

图书在版编目（CIP）数据

寻淮洲 / 军事科学院解放军党史军史研究中心编. 北京 ：学习出版社，2025. 6. --（中华先烈人物故事汇）. -- ISBN 978-7-5147-1355-8

Ⅰ. K825.2

中国国家版本馆CIP数据核字第2025ZP9978号

寻淮洲

XUN HUAIZHOU

军事科学院解放军党史军史研究中心

责任编辑：李　琳　　封面绘画：刘书移
技术编辑：刘　硕　　内文插图：韩新维
美术编辑：杨　洪　　装帧设计：映　谷

出版发行：学习出版社
北京市东城区崇外大街11号新成文化大厦B座11层（100062）
010-66063020　010-66061634　010-66061646
网　　址：http://www.xuexiph.cn
经　　销：新华书店
印　　刷：河北鹏润印刷有限公司

开　　本：787毫米×1092毫米　1/32
印　　张：5.375
字　　数：70千字
版次印次：2025年6月第1版　2025年6月第1次印刷

书　　号：ISBN 978-7-5147-1355-8
定　　价：23.00元